Testigos

LAUREANO BENÍTEZ GRANDE-CABALLERO

Subiendo la montaña con el Padre Pío

El Santo de los estigmas nos dirige espiritualmente

SAN PABLO

© SAN PABLO 2021 (Protasio Gómez, 11-15. 28027 Madrid)
Tel. 917 425 113 - Fax 917 425 723
E-mail: secretaria.edit@sanpablo.es - www.sanpablo.es
© Laureano Benítez Grande-Caballero 2021

Distribución: SAN PABLO. División Comercial
Resina, 1. 28021 Madrid
Tel. 917 987 375 - Fax 915 052 050
E-mail: ventas@sanpablo.es
ISBN: 978-84-285-6324-6
Depósito legal: M. 26.649-2021

A todos los devotos de san Pío de Pietrelcina.

Prólogo:
Una montaña de gracias

El presente libro es el quinto que le dedico a la figura de mi admirado Padre Pío de Pietrelcina, y tengo la absoluta certeza de que no será el último, por la sencilla razón de que cuanto más ahondo en este extraordinario personaje más historias tengo que contar, más descubrimientos hago, más novedades encuentro, hasta el punto de que he llegado a la conclusión de que es totalmente imposible pretender abarcar la vida y enseñanzas del Santo del Gargano.

En el primer libro, publicado en 2004 y que ya lleva 14 ediciones[1], recogí una breve semblanza del itinerario espiritual del Santo, de manera casi biográfica, seleccionando y comentando palabras del mismo Padre Pío sobre los principales temas de la espiritualidad cristiana. Su formato final fue el de un libro de bolsillo, muy apto para la iniciación al conocimiento del Padre Pío, algo así como un breviario sobre su vida y su obra.

---

[1] L. Benítez Grande-Caballero, *Orar con el Padre Pío*, Desclée de Brouwer, Bilbao 2004[14].

Una vez que ya me inicié en la vida y obras del Santo de Pietrelcina, conseguí una mayor documentación, lo cual me llevó a acometer un proyecto más ambicioso, en el que profundicé en los mensajes del Santo para la Iglesia y para el mundo de hoy, resultando un libro donde se expone con la mayor claridad posible la extraordinaria misión del Santo en los tiempos actuales. Sin duda, es mi mejor obra sobre el Santo[2].

En el tercer libro[3] recopilé una parte de los innumerables milagros del Padre Pío, pues hasta entonces había intentado esquivarlos, con la intención de que sus extraordinarios carismas no opacasen la enorme importancia de la espiritualidad del Santo, soslayando el peligro de que los «efectos especiales» de los milagros restaran atención al itinerario de santificación del Padre Pío.

Como buen franciscano que era, si a eso se le añade su larga vida, las innumerables personas con las que contactó y su carácter socarrón, el resultado final es que el Padre Pío también tenía una gran cantidad de «florecillas» que era necesario recoger en un nuevo libro[4], un conjunto de anécdotas y de historias de cada día que, sin el toque milagroso de las historias expuestas en el libro tercero, nos revelan, sin embargo,

---

[2] ID, *El Padre Pío: mensajes del santo de los estigmas*, San Pablo, Madrid 2014³.

[3] ID, *El Padre Pío: hechos extraordinarios del santo de los estigmas*, Desclée de Brouwer, Bilbao 2015².

[4] ID, *Historias del Padre Pío: relatos, anécdotas y testimonios del santo de los estigmas*, San Pablo, Madrid 2018².

sus opiniones y sus comportamientos ante las diversas circunstancias de la vida diaria y cotidiana, por lo cual estas historias más o menos anecdóticas conforman un modelo, un ejemplo para nuestra vida en el mundo.

Y ahora, en estos tiempos de gran turbulencia que vivimos, cuando estamos ya plenamente inmersos en el fin de los tiempos, cuando una enorme marea de sufrimiento está empezando a arrollarnos desde las cavernas del Tártaro, sentí la necesidad de escribir un nuevo libro, con el propósito de exponer las enseñanzas del Santo como si fueran un programa de dirección espiritual dedicado a cada uno de nosotros, ya que las enseñanzas del Padre Pío tienen como vértice y como polo dar un sentido redentor al sufrimiento de cada día, una categoría salvífica a las cruces, a las aflicciones, a las tribulaciones, que se multiplicarán en estos tiempos vestibulares del apocalipsis. Para decirlo de otra manera, en estos tiempos difíciles se hace más necesario que nunca contar con la ayuda de un director espiritual que nos guíe en medio de las aguas tormentosas, de los áridos desiertos, de las catástrofes y los desastres que se divisan en lontananza.

Esta necesidad se hace más acuciante si se tiene en cuenta que hoy en día es bastante complicado encontrar un buen director espiritual, en parte debido a la tibieza que debilita la fe de muchos creyentes actuales, y en parte porque resulta a veces complicado encontrar un sacerdote que nos inspire plena confianza y esté dispuesto a comprometerse en esta labor.

Y, por supuesto, como ocurre con todos los libros que he dedicado al Santo, también emprendí la labor de escribirlo guiado por una voz interior, por una llamada que venía de dimensiones superiores, llamada que no admitía dilaciones ni rechazos, hasta el punto de que la experimenté como una exigencia, una tarea a la que me era imposible negarme.

Así pues, en este libro voy a intentar que todos los que lo lean se sientan dirigidos espiritualmente por el Padre Pío, experimentando sus enseñanzas en la intimidad de su alma, sintiendo que es a cada uno de nosotros a quien van dirigidas las palabras del Santo, que es él quien nos lleva de la mano por los ásperos senderos de la santificación. En una palabra, querido lector, deseo ponerte a los pies de nuestro amado Santo, para que te dejes guiar por él, para que imponga sobre tu cabeza sus manos estigmatizadas, para que con su mirada compasiva conduzca tu alma por el camino de la verdad y de la vida, hacia la Patria Celestial.

El camino de la santidad es un sendero áspero, un camino lleno de dificultades, abrojos y malezas, pero, confiados en la ayuda de tan excelso director espiritual, podemos marchar tranquilos, seguros de que no nos faltará jamás su ayuda, su dirección y su intercesión.

Este camino se ha comparado muchas veces a la ascensión a un monte, que para el Padre Pío es el Calvario, el Gólgota, donde experimentaremos a la vez el flagelo y la dulzura de la Cruz, pero que finalmente nos llevará al anunciado Tabor, donde nuestra alma transfigurada se deleitará bajo el torrente de delicias de nuestro amado Señor.

El Padre Pío es el Santo del Gargano, de ese saliente montañoso de la «bota» italiana –de la que viene a ser su «espuela»– una región que se enclava en la «Italia profunda». San Giovanni Rotondo está situado en estas estribaciones montañosas, de manera que ir a ver al Padre Pío era subir una montaña, lo cual, metafóricamente, es lo mismo que decir que equivalía a emprender el escarpado camino de la santificación personal, de la conversión definitiva a las verdades de la fe.

«Muchos, muchos tuvieron la fortuna de estar cercanos al Santo del Gargano, de respirar el perfume de la acción regeneradora del fuego de la conversión, surgido de aquella montaña levantada en las altas cumbres del espíritu»[5].

Subamos, pues, la montaña de la santidad, teniendo al Padre Pío como guía, como director espiritual. Y nunca olvidemos lo que le dijo el Santo del Gargano a Cleonice Morcaldi, cuando esta se quejaba de las asperezas del sendero espiritual: «Estás sepultada sobre una montaña de gracias».

Es un sendero abrupto, pero podemos tener la confianza absoluta de que será fructífero, porque, como el Padre Pío dijo: «Tú les dirás a todos que, después de

---

[5] C. MORCALDI, *En el descanso de Dios* (traducido por Cristina M.), en http://www.pueblodemaria.com/CleoniceMorcaldi.EN_EL_DESCANSO_DE_DIOS.pdf, 7.

muerto, estaré más vivo que nunca. Y a todos los que vengan a pedir, nada me costará darles. ¡De los que asciendan a este monte, nadie volverá con las manos vacías!».

Madrid, a 11 de abril de 2021, domingo *in albis*

1

El Cirineo

Un santo de aire medieval

El Padre Pío no fue un predicador, ni un escritor, ni fundó comunidades religiosas, ni se involucró en institutos seculares, ni ocupó cargos de relevancia que le podrían haber proporcionado altavoces mediáticos para promocionar sus enseñanzas: como dijo Pablo VI, era un simple sacerdote, que decía Misa y confesaba.

Como expresión perfecta del sacerdocio, el Santo dedicó una gran parte de su ministerio a la tarea de la dirección espiritual, en unos tiempos en los que la figura del director espiritual tenía todavía mucho predicamento en la vida de los creyentes, relevancia que ha disminuido dramáticamente en los tiempos actuales, por la tibieza que impregna sectores cada vez más amplios de la catolicidad y por la dificultad de encontrar sacerdotes realmente comprometidos con esa labor de su ministerio. Aunque resulte sorprendente, ya el mismo Padre Pío se quejaba en sus tiempos de la dificultad de encontrar buenos directores espirituales.

Su misión de dirigir almas la realizó de cuatro maneras: a través de su correspondencia epistolar con las almas que se encomendaban a su guía, mediante el contacto cotidiano con los devotos que iban a su encuentro, a través de las orientaciones espirituales que administraba en el confesionario y en los grupos de devotos que dirigió, desde su misma llegada a San Giovanni Rotondo, grupos que en sus últimos años dieron paso a los Grupos de Oración, formalmente constituidos como asociación.

La actividad más notable del Padre Pío como director espiritual está comprendida en su dirección por correspondencia, que es considerada como extraordinaria. El conjunto de cartas escritas por el Padre Pío abarca cuatro volúmenes, desde 1914 hasta 1922, cuando, como consecuencia de la primera persecución que sufrió por el Santo Oficio, se le prohibió seguir con la dirección espiritual por correspondencia.

Sin embargo, esta persecución al Padre Pío tuvo un efecto inesperado, porque, con el fin de buscar en sus cartas motivos para perseguirle, excusas y argumentos para establecer sobre él el anatema, se mostró un especial esmero en conseguir toda su correspondencia privada, incluso requisando también la de las almas que había dirigido, y las que tenían en su poder sus propios superiores, con el fin de examinarlas concienzudamente para comprobar si le podían acusar de algo. Sin embargo, esta estrategia ha servido para que esta

correspondencia, que podía haberse perdido por ser

de ámbito exclusivamente privado, se haya podido conservar, hasta el punto de que hoy día se ha logrado editar su epistolario en cuatro volúmenes[1], de los que solamente el segundo está traducido al español[2].

En el primer volumen de su epistolario se recoge la correspondencia que mantuvo con sus directores espirituales, mientras que el segundo se dedica íntegramente a la correspondencia que tuvo a partir de 1914 con Raffaelina Cerase, un alma santa confiada a su dirección espiritual, a la que asistió hasta su muerte en 1916, muy posiblemente porque se había ofrecido como víctima para que el Padre Pío pudiera dejar Pietrelcina y volver a su monasterio, que había abandonado debido a sus continuas enfermedades. El caso es que Raffaelina falleció en marzo de 1916, y en septiembre de ese mismo año el Santo llegó a san Giovanni Rotondo, de donde nunca más volvió a salir.

En el volumen tercero se recopila su correspondencia con sus hijas espirituales, y en el cuarto las cartas que escribió para diferentes categorías de personas, sobre temas variados.

Posiblemente es en el segundo volumen –dedicado a Raffaelina Cerase– donde mejor se plasme la dirección de almas del Santo, a la vez que los rasgos más característicos de su espiritualidad:

[1] En https://www.edizionipadrepio.it/es/espiritualidad/265-volumenes-completo-cuatro-cartas-en-la-funda.html.

[2] PADRE PÍO DE PIETRELCINA, *Epistolario II*, Edizioni Padre Pio da Pietrelcina, San Giovanni Rotondo 2006.

El libro es a todas luces recomendable para la lectura espiritual y tiene algo malo: que engancha mucho. Cualquiera que desee conocer la vida interior, y que quiera andar por este camino, a medida que va leyendo queda prendado de los consejos y tiende a seguir leyendo hasta no parar. Con un inconveniente: el Padre Pío va tomando posesión del alma del lector y poco a poco lo mete en su vida, le hace partícipe del camino para coger la Cruz sobre los hombros, y el progreso espiritual se produce por la mera lectura, que lleva a una vida interior bastante operativa y contemplativa a la vez. Recomiendo que lo experimenten.

En esta correspondencia llama la atención la madurez de los consejos. Con 27 años es muy raro que uno pueda aconsejar con la profundidad de un doctor de la Iglesia. Y más aún que no lo haga para figurar, con la pretensión de publicar un libro, sino para el beneficio espiritual de una sola persona, en correspondencia privada y naturalmente llamada al fuego. Gracias a Dios, no ha resultado tan privada porque los superiores del Padre Pío, cuando le privaron de la facultad de dirigir almas y de confesar, le privaron también de todas sus cartas y escritos. Y no solo de estos, sino también de los de las almas que había dirigido, y también de los que tenían en su poder sus propios superiores, para concienzudo examen y para ver si le pillaban en algo. El tiro, no solo les salió por la culata, sino que ha servido para que la correspondencia se haya convertido en un auténtico tratado de vida espiritual, cuando con los años ha salido a relucir esta edición[3].

Así pues, la primera persecución tuvo como inesperada consecuencia favorable que fue decisiva para la preservación de la correspondencia del Santo, que posiblemente no hubiera sucedido en circunstancias normales: *laudate Dominum*.

La dirección espiritual del Padre Pío se desarrolló con arreglo a los principios más básicos y sencillos de la espiritualidad cristiana, arraigándose firmemente en el magisterio secular de la Iglesia, ajustándose con total exactitud a las disposiciones espirituales de la Tradición milenaria de la religión católica.

Lejos de ser un innovador pleno de inventiva y originalidad, el Padre Pío se limitó a recordar a sus dirigidos los preceptos más tradicionales de la espiritualidad cristiana, labor importantísima y muy necesaria en su época –y mucho más en la nuestra, donde el dogma ha perdido una parte de su pureza debido a un afán reformador no siempre adecuado–, magisterio que parece preludiar los cambios casi revolucionarios que sobrevendrán con el concilio Vaticano II. Por ello, se puede afirmar que el Padre Pío fue un santo caracterizado por su absoluta ortodoxia, que vivió su espiritualidad sin apartarse ni un ápice de las prácticas

---

[3] En http://demiestanteria.blogspot.com/2018/06/pio-da-pietrelcina-epistolario-volumen_25.html.

espirituales que habían caracterizado a la Iglesia en sus dos mil años de historia.

El periodista y escritor Renzo Allegri, biógrafo del Santo, explicaba la espiritualidad del Padre Pío con breves rasgos: «Son tres las características fundamentales de la santidad del Padre Pío, que son testimonio de tres verdades fundamentales de la fe cristiana: el sufrimiento, entendido como "precio de redención"; la fe concreta en el más allá y el tener conocimiento de la presencia en el mundo de Satanás. Si no se tienen en cuenta estas características es imposible entender la vida del Padre Pío»[4].

Profundamente conservador, Juan Pablo II erró –a nuestro entender– cuando le consideró «un santo de nuestra época», pues más bien parece un santo de aire medieval que estaba en ese tiempo un poco como a trasmano, un poco como anticuado, con sus estigmas, sus Rosarios interminables, sus novenas, sus anatemas implacables contra la costumbres pecaminosas de su tiempo...

Desde este punto de vista, el santo del Gargano es la demostración más palpable de la indudable validez de la espiritualidad tradicional de la Iglesia, pues siguiendo ese camino ancestral, cumpliendo sus preceptos, practicando sus devociones, alcanzó las más altas cimas de la santidad.

---

[4] R. ALLEGRI, *Padre Pio: un santo tra noi*, Mondadori, Milán 1998.

Reglas para una vida santa

Los principios básicos de su magisterio espiritual perte-
necen a la más pura Tradición de la Iglesia, siendo completamente inútil buscar en ellos novedades, cambios,
originalidades, como se puede observar en las recomendaciones que –en forma de las típicas «reglas»– hacía a
sus dirigidos.

La sencillez y el tradicionalismo de la dirección espiritual que desarrolló se traslucen con claridad en la respuesta que dio el Santo a una pregunta que le hizo un
ciego llamado Pietruccio, que le pidió que le explicara
qué tiene que hacer una persona para salvar su alma. El
Padre Pío respondió: «Es suficiente si guardas los mandamientos de Dios y de la Iglesia».

También se advierte este mensaje en una carta del 3
de diciembre de 1916, en la que resumía así la esencia
de la vida cristiana y el perfeccionamiento espiritual:
«Debes tratar de complacer a Dios solo, y, si Él está
contento, todos contentos».

El Padre Pío recomendaba a sus hijos cinco puntos
para vivir una vida santa, y así poder llegar a la cima
celestial. En estos cinco puntos estaba como cabecera
la confesión:

1. *Confesión semanal:* «La confesión es el baño del
   alma. Tienes que ir al menos una vez a la semana.
   No quiero que las almas se mantengan alejadas
   de la confesión más de una semana. Incluso una

habitación limpia y no ocupada recoge polvo; regrese después de una semana y verá que se necesita quitar el polvo de nuevo».

2. *Comunión diaria*: «Es muy cierto, no somos dignos de tal regalo. Sin embargo, acercarse al Santísimo Sacramento en estado de pecado mortal es una cosa, y considerarse indigno es otra muy distinta. Todos nosotros somos indignos, pero es Él quien nos invita. Él es quien lo desea. Humillémonos y recibámoslo con un corazón contrito y lleno de amor».

3. *Examen de conciencia cada noche*: Alguien le dijo al Padre Pío que pensaba que un examen de conciencia cada noche era inútil, porque él sabía lo que era el pecado, ya que lo cometió. Ante esto, el Padre Pío contestó: «Eso es muy cierto. Pero cada comerciante experimentado en este mundo no solo mantiene un seguimiento durante todo el día de si ha perdido o ganado en cada venta. Sino que por la noche, él hace la contabilidad del día para determinar lo que debe hacer al día siguiente. De ello se desprende que es indispensable hacer un riguroso examen de conciencia, breve pero lúcido, todas las noches».

4. *Lectura espiritual diaria*: «El daño que viene a las almas de la falta de lectura de libros sagrados me hace estremecer. El poder espiritual de la lectura tiene que dar lugar a un cambio de rumbo, y hacer que incluso la gente del mundo entre en el camino de la perfección».

5. *Oración mental dos veces al día:* «Si no tiene éxito en meditar bien, no deje de hacer su deber. Si las distracciones son numerosas, no se desanime; haga la meditación de la paciencia, y todavía se beneficiará. Decida sobre la duración de su meditación, y no deje su lugar antes de terminar, incluso si tiene que ser crucificado. ¿Por qué se preocupa tanto porque no sabe cómo meditar como le gustaría? La meditación es un medio para llegar a Dios, no es un objetivo en sí mismo. La meditación tiene como objetivo el amor de Dios y al prójimo. Ame a Dios con toda su alma y sin reserva, y amará a su prójimo como a usted mismo, y usted tendrá la mitad cumplida de su meditación».

Aparte de estos principios básicos, a través de sus admoniciones y sus escritos epistolares pueden entresacarse los principales consejos que el Padre Pío recomendaba para fortalecer la fe y resistir las tentaciones, entre los muchos que transmitió a sus dirigidos espirituales y a los millares de penitentes que se confesaron con él:

1. Da gracias Dios por todo: «Confía en Dios y sé agradecido siempre y por todo. Obrando así, desafiarás y vencerás todas las iras del infierno. Confía siempre y Jesús sabrá consolar tu espíritu, también cuando zozobre en el mar por las grandes tempestades».

2. Constancia sin desánimo: «No te desanimes si no logras hacer todo lo que deseas en la vida espiritual; esfuérzate por practicar lo que debes practicar y no desfallezcas en nada al respecto; no te preocupes si en esto experimentas consuelo o tedio y fastidio».

3. Rezar el Credo en los problemas: «El más hermoso Credo es el que prorrumpe de tus labios en la oscuridad, en el sacrificio, en el dolor, en el esfuerzo supremo de una infalible voluntad de bien; es el que como un fulgor rompe las tinieblas de tu alma; es el que, en el fragor de la tempestad, te levanta y te conduce a Dios».

4. Sentido del humor ante los respetos humanos: «Los santos siempre se burlaron del mundo y de los mundanos, y pusieron bajo sus pies el mundo y sus máximas. [...] Sé dócil a los impulsos de la gracia, secundando sus inspiraciones y sus llamadas. No te avergüences de Cristo y de su doctrina».

5. Llama a Jesús: «Durante el día, cuando no puedas hacer otra cosa, llama a Jesús, incluso en medio de todas las ocupaciones, con gemido resignado del alma, y él vendrá y permanecerá siempre unido a tu alma mediante su gracia y su santo amor».

6. Orar y vivir la caridad: «Orad y orad siempre cada vez con más insistencia. Jesús es bueno y no dejará de escuchar todas las oraciones dirigidas a él con tanta confianza. Crece siempre y jamás te

canses de avanzar hacia la reina de las virtudes: la caridad. Y sabrás que nunca se crece demasiado en esta bellísima virtud».

Como se advierte fácilmente en estas «reglas» u «ordenanzas» que el Santo recomendaba a sus devotos, el Padre Pío no exigía perfecciones imposibles, conocedor de la naturaleza humana y de que, con mucha frecuencia, sus hijos espirituales se flagelaban con escrúpulos infundados, por lo cual tendía a suavizar las actitudes que consideraba obsesivas, que añadían al alma una tensión, una angustia y una ansiedad nocivas para el adelanto espiritual. Esa mezcla de severidad, por un lado, y de dulzura y moderación, por otro, constituyeron parte esencial en su pedagogía de las almas: «No es un moralista triste, retrógrado, ni siquiera un utópico; es suficiente para él que los hombres, en lugar de perseguir una perfección imposible en la tierra, se abstengan de hacer el mal, especialmente el mal dictado por ideologías abstractas o por la codicia desenfrenada por la opresión»[5].

El Cirineo

¿Cómo fue la pedagogía que empleó el Padre Pío para transmitir su espiritualidad a las personas que dirigió

---

[5] La Stampa (9 de agosto de 1950).

espiritualmente? ¿Qué metodología empleó en su trabajo de cincelar almas, tallándolas para el templo de Dios? Si bien su espiritualidad, por pertenecer a la Tradición y el Magisterio de la Iglesia, no es original, sí lo fue la estrategia que empleó en su dirección de almas.

Pierino Galeone –hijo espiritual importante del Santo, fundador de los Siervos del Sufrimiento– resume con estas palabras la espiritualidad del Padre Pío, y su pedagogía para enseñarla a sus devotos como director espiritual:

Su espiritualidad tocó el pináculo de la madurez precisamente al unir justicia y bondad, gentileza y fortaleza, austeridad y ternura en el cuidado de las almas, exuberante solicitud de amor y perfecta castidad, vida interior en el más alto grado y la lucidez en los asuntos de las propias cosas y de los demás. Hablaba con palabras y sin palabras. Su lenguaje humilde fue testimonio. En el confesionario fue juez, maestro, médico y especialmente padre. En el altar era un sacerdote y una víctima, crucificado y resucitado, representante de Cristo y de todos los hermanos del exilio. Era muy sensible y delicado con los demás: respetaba la reputación y el honor de cada uno de nosotros, de hecho, nos ayudó a recuperarlos si los hubiéramos perdido. Tuvo cuidado de evitar juicios o, peor aún, de calumniar a nadie. Le gustaba bromear, pero lo hizo con tanta dulzura que fue un placer bromear con él y, sobre todo, verlo sonriendo y divertido. Cuando hablaba con nosotros, era amable, mientras estaba listo y puntual al servicio de Dios. La Santa Misa y el Oficio Divino, la adoración y la visita al Santísimo Sacramento, el Vía Crucis y el Santo Rosario se celebraban con una inquebrantable continuidad[6].

Estas palabras transmiten la idea de que su estrategia a la hora de dirigir almas se basaba en la primera norma que debe cumplir quien quiera conducir a sus semejantes por caminos donde se involucren principios morales y espirituales: dar ejemplo.

En efecto, la característica esencial en cuanto a la originalidad del método que siguió para llevar a cabo su labor como director espiritual hay que buscarla en el hecho de que el Padre Pío vivió en primera persona las verdades fundamentales de la fe y, por este motivo, se ofrecía como modelo para que también las almas dirigidas por él asimilaran esta experiencia. Dicho de otra manera, aunque su espiritualidad no sea genuinamente original, lo específico del Padre Pío es que él podía ponerse como modelo de esa espiritualidad, pues era la que le había llevado a alcanzar tan altas cimas de la santidad.

En efecto, el Santo fue un auténtico maestro espiritual, porque si su espiritualidad giraba en torno al sufrimiento victimario, su vida en este sentido fue auténticamente modélica, un espejo donde sus dirigidos podían

[6] P. GALEONE, *Padre Pio, Mio Padre*, Edizioni San Paolo, Cinisello Balsamo 2005, 21.

ver claramente cómo sobrellevar el peso de la Cruz, y hacer de ella un instrumento de salvación, pues bastaba mirar al Padre Pío para asimilar en toda su magnitud en qué consistía la victimación sacrificial.

Esta pedagogía silenciosa es la que se desprende del testimonio de Paola Strin, quien nos dice: «Debo confesar que a veces fui a San Giovanni Rotondo con el deseo de pedirle al Padre Pío que el Señor me aliviase un poco los problemas de la vida. Pero cuando lo vi en la pequeña iglesia del convento arrastrándose a sí mismo, doblado bajo la Cruz, cargando el mío entre los pecados de la humanidad, entonces me dije: "¡Hágase tu voluntad, oh Dios!". Y salí de la iglesia».

Esta metodología consistente en ser un modelo de perfección para sus dirigidos, mediante la práctica personal de todo aquello que enseñaba, también la hizo extensiva a la asunción del papel de Cirineo con las almas que se encomendaban a su cuidado. Si su modelo de espiritualidad era el propio de un alma víctima, su vocación corredentora también se aplicó a su tarea de dirigir almas, en el sentido de que, como director espiritual, el Padre Pío participaba íntimamente en las angustias, desolaciones, conflictos interiores y penas de las almas dirigidas: «Siento como mías vuestras aflicciones», «haré míos todos vuestros dolores y todos los ofreceré en holocausto al Señor por vosotros». Es lo que se suele llamar el método de la dirección espiritual anticipada, lo cual añadía mucha eficacia a su trabajo como guía en el camino de la santidad. Se puede decir que el

Padre Pío como director espiritual es el pobre Cirineo que lleva la Cruz por todos.

En efecto, una imagen recurrente en su espiritualidad victimaria era la del Cirineo, en el sentido de que las almas víctimas ayudan a Cristo a llevar la Cruz en que perennemente salva al mundo. Estimulaba y animaba a las almas a perseverar sin desmayo en el camino doloroso y difícil de la purificación y las pruebas, y, para dirigir en este penoso camino a sus dirigidos, con mucha frecuencia se ofrecía él mismo como Cirineo por las almas víctimas de las que se ocupaba, hasta el punto de sustituirlas, tomando sobre sí el dolor de la Cruz y dejándoles a ellas todo el mérito. En realidad, su vida de crucificado le enseñó a ser Cirineo de todos los crucificados.

El Padre, que a través del sufrimiento se había ofrecido completamente a Dios, quiere que sus hijos lo sigan, en cuanto puedan, imitándole en su generosidad de aceptación. Rina Giostrelli, condesa de Telfener, testimonió que, cuando el Santo veía a sus hijos probados por el dolor y los contratiempos que sufrieron por su apego a él en tiempos de persecución, a menudo repetía: «Recordad que habéis abrazado a un padre crucificado»[7].

Con estas palabras, el Santo quiere dar a entender que, igual que él carga vicariamente con los sufrimientos de sus hijos, como Cirineo que les ayuda a llevar sus cruces, esta participación en los dolores de las almas que

---

[7] En https://padrepiopietr.wordpress.com/.

se le encomiendan tiene también su viceversa, en el sentido de que los discípulos del Padre Pío deben en justa reciprocidad colaborar en el sufrimiento victimario de su director espiritual, porque: «El discípulo no es más que su maestro, ni el siervo más que su señor» (Mt 10,24).

Esta vocación a ser Cirineo de sus dirigidos se puede observar en esta carta a Raffaelina Cerase: «Por mi parte, no puedo por menos de compartir de buen grado con usted el dolor que la oprime, pedir más asiduamente a Dios por usted y desearle que el dulcísimo Jesús le conceda la fuerza espiritual y material para atravesar la última prueba de su paterno amor a usted [...]. ¡Cuánto quisiera estar cerca de usted en estos momentos para aliviar de alguna manera el dolor que la oprime! Pero estaré espiritualmente cerca de usted. Haré míos todos sus dolores y los ofreceré todos en holocausto al Señor por usted».

Con Cleonice Morcaldi mantuvo en cierta ocasión el siguiente diálogo, sumamente revelador:

—Padre, déjeme sufrir un poco de sus dolores; déjeme, Padre mío.

—No, no, yo no me dejo arrebatar mis dolores, no quiero.

Cuando Cleonice insistió, el Santo le respondió:

—Bastante tienes con los tuyos; sopórtalos, hijita.

—Si los míos los lleva usted, Padre mío: yo no siento mi Cruz.

28   Me miró sonriente y guardó silencio.

En una carta dirigida a la misma Cleonice tras el fallecimiento de la madre de esta, le escribió: «Usted llora con razón por haber perdido la mamá, pero ¡ánimo!, hija mía. Yo soy perfectamente consciente de la misión que me ha confiado la Providencia. ¡Si hasta ahora he hecho las veces del padre, difunto, desde este momento siento que se me conmueven las entrañas al asumir también el deber de madre! Y la madre de usted sonreirá desde el cielo. Quiero verla consolada y dulcemente resignada. Usted sabe y puede imaginar lo que yo siento en este corazón por su alma. ¡Dios mío, qué hacer para verla aliviada!... ¡Pero a mí no me ha sido concedido esto! ¡Hay demasiada indignidad de mi parte para merecer del Señor el don de confortar a quien es parte de mi alma! ¡Ánimo, hija mía, rece usted a este buenísimo Padre, récele para que le consuele!».

Un hijo espiritual del Padre Pío, el profesor Gerardo De Caro, en una conferencia celebrada en Pavía, Italia, el 25 de mayo de 1983, arrojaba luz sobre el doloroso camino de la Cruz del Padre Pío: «Una noche, mientras estaba de pie en su celda, vi al Padre Pío de retorno desde el coro, caminando con los hombros inclinados y con el pecho casi tocando sus rodillas. Arrastraba sus sandalias por el suelo, como si llevara una enorme Cruz encima. Tenía que sentir un gran dolor al caminar. Apoyaba su peso en los bordes de los pies y los talones a fin de no presionar en las heridas de los pies. Le miré y él me miró. Inmediatamente, y con gran esfuerzo, se enderezó. Por un instante, le vi como Jesús bajo la Cruz».

A otro hijo espiritual le escribió: «Hijo mío, ¿por qué estás abatido? ¿Acaso estás solo? ¿No sabes que tu padre está siempre contigo? Anímate, pues, no estés tan triste, que Jesús y tu padre están contigo. ¿Qué es lo que temes? No te desalientes: pasará la tormenta y verás el radiante mediodía... No quiero volver a saber que estás apesadumbrado, porque no hay motivo para ello y porque te hace sufrir».

Para llevar a cabo su tarea de compartir los sufrimientos de las almas que se encomendaban a su dirección, el Padre Pío utilizó lo que suele llamarse el «método diferencial», que consiste en la adaptación del método a las características de cada alma, a la gran variedad de edades, cultura, condiciones sociales o profesión de cada una de las personas. De esta manera, el Padre Pío como director espiritual se revela como un artista de ese método, por lo que cada uno de sus hijos espirituales puede decir: «El Padre Pío es mío».

A la hora de aplicar este método diferencial, el Padre Pío se sirvió de su carisma para escrutar las profundidades del corazón y la conciencia, que utilizó para su misión de dirigir espiritualmente a las almas, además de para favorecer su labor como confesor, ya que era capaz de ver el alma de los penitentes.

Ese poder, unido a su estricta ortodoxia, causó a veces problemas a sus hijos espirituales. Tal fue el caso de la hermana Pura Pagani –fallecida en olor de santidad, cuyo proceso de beatificación ya se ha iniciado– a quien el Santo dio una buena regañina en cierta ocasión, para reconvenirla a que cumpliera con mayor rigor las reglas a las que está sujeta una mujer religiosa. Pura dio el siguiente testimonio:

Una vez, cuando estaba en Tarquinia, sentí algo de enfermedad, y entonces decidí ir al Padre Pío para hablar con él sobre eso. Después de guardar algo de dinero, me fui con otra hermana. Al llegar a San Giovanni Rotondo, le pedí al padre Raffaele de Sant'Elia a Pianisi, a quien conocía, que facilitara la reunión con el Padre. El buen fraile me hizo acercarme al confesionario y, en el momento en que el Santo terminó de escuchar la confesión de un penitente, me empujó hacia él y, tan pronto como me vio, gritó: «¡Vete, vete!».

Estaba molesta, porque el Padre siempre había sido muy dulce conmigo en todas las reuniones que había tenido antes con él. Retrocedí, muerta de vergüenza, y permanecí petrificada en mi lugar, incluso después de que el Padre terminara de confesar y todos trataran de acercarse a él para besarle la mano.

Cuando regresó a la sacristía, pasó junto a la balaustrada que delimita el área del altar mayor y le indicó a una mujer que me llamara para que pudiera acercarme. Me moví para ir a él solo después de la tercera invitación: tenía miedo de otra regañina. Cuando me acerqué a él, me dijo: «Cállate, estarás mejor; ya verás, estarás mejor». Luego, como para explicar la razón de su severidad, agregó: «Pero otra vez que vengas, hazlo con el permiso de los Superiores»: el Padre había leído en mi conciencia, porque yo, antes de irme, no había advertido a la Madre Provincial por temor a que ella me dijera que no.

La pedagogía del cincel

A pesar de que como director espiritual se esforzó por infundir calma y paciencia a sus dirigidos, procurando con suavidad tranquilizar su conciencias –muy a menudo presas de fuertes escrúpulos y negatividad hacia sí mismos–, con frecuencia a través de su humor, socarrón y campechano, la dirección espiritual del Padre Pío adquirió cierta brusquedad, y también revestía unas características dolorosas, pero esto, como lo explicaba el Santo, se debe a que actuaba en la profunda convicción de estar aplicando un mandato de Dios, exigiendo que los demás vieran a Dios, y no la imagen del director.

Esta brusquedad se expresaba a través de modales destemplados, una rudeza que consideraba parte esencial de su pedagogía para guiar a las almas. En efecto, su amor a la verdad y la autenticidad, su responsabilidad como pastor de almas y su rechazo frontal y absoluto hacia cualquier pecado le llevaban a adoptar una actitud donde no dejaba lugar a las componendas, las justificaciones, las excusas... donde rechazaba la tibieza sin ningún miramiento.

Como confiesa cándidamente una hija espiritual, «siguiendo al Padre Pío se sufría fuertemente: sus pruebas, sus represiones, su diferente trato con las almas partían de dolor el corazón y se necesitaba mucha fe para decir que su modo de proceder era justo».

El propósito del Padre Pío no era tener éxito con las personas que estaba dirigiendo espiritualmente. No buscó consentimiento ni aprobación: quería el bien objetivo de las almas que dirigía, y para obtenerlo no dudó en adoptar una actitud severa.

En su libro *Padre Pio da Pietrelcina: ricordi, esperienze, testimonianze*[8], el padre Alberto D'Apolito explica algunas de las razones que llevaron al estigmatizado a emplear la pedagogía del cincel con sus devotos:

El Padre Pío aparecía como el buen Pastor al escuchar las confesiones de los penitentes, como el buen Padre, que ama las almas con ternura y que quiere que se salven a toda costa. Por lo tanto, a veces usaba la mano dura, que algunos consideraban mal humor. [...] A veces, se mostraba brusco incluso con los frailes, y hacia las almas espiritualmente dirigidas por él. A menudo me sucedió que, teniendo que hablar con él, a pesar de mi confianza filial, estaba lleno de una inexplicable inquietud, incapaz de pronunciar una palabra. El Padre Pío, que no tenía tiempo que perder, exclamaba: «¿Quieres darte prisa? ¿Qué quieres?». Yo, armándome

---

[8] A. D'Apolito, *Padre Pio da Pietrelcina: ricordi, esperienze, testimonianze*, Edizioni Padre Pio de Pietrelcina, San Giovanni Rotondo 2005.

de valor, le decía: «Padre, cuando estoy en tu presencia, pierdo la palabra». El Padre me respondió: «¿Por qué?... ¿tal vez despierto miedo?». Inmediatamente, suavizando el tono, me dijo: «Bueno, ¿qué me tienes que decir?». Luego, con paciencia y amabilidad, me escuchó, me dio la respuesta y el consejo requerido, y me despidió con ternura.

Esta metodología del Padre estaba plenamente justificada, porque es la misma que emplea Dios mismo para sacarnos de la abulia y la parálisis espiritual, de las comodidades y la tibieza, de la malsana rutina donde languidecemos, utilizando las tormentas de la vida, las tribulaciones, las pruebas y los obstáculos, para sacarnos de la modorra donde decae nuestro espíritu. En una palabra, estamos ante la estrategia de tallar nuestros corazones a golpe de cincel, para que un día puedan ser piedras del edificio eterno de la Iglesia, del Reino. Esta idea es la que el Padre Pío explicaba con estas palabras, que contienen la esencia de su ministerio de almas:

Con repetidos golpes de cincel saludable y con una limpieza diligente, el Artista divino quiere preparar las piedras con las que construir el edificio eterno. Así canta nuestra tierna madre, la Santa Iglesia católica, en el himno de la oficina de dedicación de una iglesia. Y así es realmente.

Con mucha razón se puede afirmar que cada alma destinada a la gloria eterna está constituida para elevar el edificio eterno. Un albañil que quiere construir una casa primero debe limpiar las piedras que quiere usar para la construcción. Esto se logra martillando y cincelando. De la misma manera se comporta el Padre celestial con las almas elegidas, a quienes desde la más alta sabiduría y providencia desde la eternidad ha destinado a elevar el edificio eterno.

Por lo tanto, el alma destinada a reinar con Jesucristo en gloria eterna debe limpiarse con golpes de martillo y cincel, que el Artista divino usa para preparar las piedras, es decir, las almas elegidas. Pero, ¿qué son estos golpes de martillo y cincel?

Hermana mía: son las sombras, los miedos, las tentaciones, las aflicciones del espíritu y los temblores espirituales hechos de desolaciones, e incluso de malestar físico.

Por lo tanto, debemos dar gracias a la infinita piedad del Padre eterno, que trata así a su alma porque está destinada a la salvación. ¿Por qué no gloriarse en este trato amoroso del mejor de todos los padres?

Abre tu corazón a este médico celestial de almas y abandónate con plena confianza en sus brazos más sagrados. Te trata como a los elegidos, para que sigas de cerca a Jesús en el Calvario.

Esta misma actitud de severidad es la que utilizaba en su misión penitencial en el confesionario, donde no admitía tibiezas, ni languideces, ni curiosidades, ni componendas, ni excusas vanas: cuando encontraba corazones encapsulados en sus vicios, en sus esquemas relativistas, en continuas autojustificaciones, incapaces de tomarse en serio los compromisos de la vida cristiana, no dudaba en emplear el martillo de la hosquedad para ablandar esos corazones endurecidos: «Entre nosotros, soy tu hermano; en el altar, soy tu víctima; en el confesionario, soy tu juez».

Aparte de la introspección de las conciencias, que le permitía ver los pecados de los penitentes, el Padre Pío destacó en el confesionario porque con alguna frecuencia se negaba a dar la absolución, cuando no veía en el penitente un verdadero propósito de enmienda, una auténtica conversión. Decía: «La vista de tantas almas que quieren justificarse en el mal, a pesar del Bien Supremo, me aflige, me tortura, me martiriza, me desgasta el cerebro, me desgarra el corazón».

La gran marea de penitentes a los que confesaba cada día provocó que el Santo solo pudiera disponer de unos breves minutos para cada uno, excepto para casos especiales, y para confesar a lo que él llamaba «peces gordos» –masones, comunistas, ateos famosos…–. Si a la brevedad de tiempo disponible se le añade la gran dificultad para poder contactar con el Padre Pío fuera del confesionario, no es de extrañar que un número significativo de penitentes fueran a confesarse con la intención de aprovechar esos minutos preciosos para rogarle sanaciones y otros favores, más que con el propósito de querer cambiar de vida y reconciliarse con Dios en una sincera conversión.

Naturalmente, el Padre Pío solía rechazar a esta clase de penitentes, si no veía una voluntad clara de penitencia, aunque se le rompiera el corazón al ver el sufrimiento de la gente menesterosa que se arrodillaba ante él. Su actitud la justificaba con estas palabras contundentes: «Recuerde, es mejor ser reprendido por un hombre en este mundo, que por Dios en el siguiente».

Un día, no le dio la absolución a un penitente y le dijo: «Si usted va a confesarse a otro sacerdote para que le dé la absolución usted se va a ir al infierno con él». Con estas palabras el Padre Pío quería dar a entender que el sacramento de la confesión es profanado por personas que no quieren cambiar sus vidas, que son culpables delante de Dios.

Los pecadores rechazados en el confesionario, que lo abandonaban sin absolución, lloraban, o se rebelaban, no entendiendo los motivos del rechazo, pero la mayoría regresaron, ya con un verdadero ánimo de conversión, arrastrados por la gracia de Dios. Cuando lo hacían, les esperaba el abrazo del Santo, que los acogía como a hijos pródigos.

Este retorno a los brazos de la misericordia divina tenía con mucha frecuencia su causa en que el Padre Pío había asumido sacrificios para que las almas rechazadas volvieran a su confesionario con verdadero espíritu de penitencia, por lo cual cabría preguntarse si el echarlas del confesionario no habría sido una estrategia del Santo para que, en el tiempo que tardara en volver, tuviera el Padre Pío ocasión de sacrificarse por ella para su verdadera conversión.

«Vete –le dijo a un pecador–, primero arregla las cosas y luego vuelve». Cuando regresó, le abrazó con toda la efusión de su corazón paterno, diciendo: «Si supieras cuánto me costó...».

Su hija espiritual Margherita Cassano, durante una confesión, le dijo al Padre que había criticado y reprendido a algunos que no respetaban la casa de Dios, hablando y teniendo una actitud poco devota. Y el Padre Pío respondió: «Hija mía, ¿qué debo decir si veo a Jesús ofendido y lloro por el comportamiento de los cristianos?».

Entre sus hijos espirituales las quejas por el trato severo del Padre Pío no fueron infrecuentes, pues, aparte de la estricta moralidad y los inflexibles códigos de conducta que les imponía, su dirección de almas era rigurosa, cuando creía que esa era la mejor pedagogía para conducir un alma por el camino de santidad, lo cual, unido a su implacable ortodoxia, hacía más empinado y angosto el camino espiritual a sus dirigidos.

Su hija espiritual Vittorina Ventrella testimoniaba así la «estrategia del cincel» empleada por el Santo en su dirección de almas: «Siguiendo al Padre Pío, sufrí mucho: sus pruebas, sus regañinas, el trato diferente de las almas, todo esto me rompió el corazón de dolor y necesité mucha fe para decir que su trabajo era correcto. Un día, cuando había sufrido ya mucho, le dije: "Padre, ¿siempre se sufre tanto en la vida espiritual?". Y él respondió: "La vida espiritual significa agonía". Y yo, un poco impulsiva, le contesté: "Pero no quiero agonizar". Después de esto, el buen Padre ya no me trataba con dureza y variaba su forma de actuar. Es bueno estar cerca de un santo... pero cuánto sufres».

Como resumen y corolario de la pedagogía que empleaba el Padre Pío como director espiritual, Cleonice Morcaldi –posiblemente su hija espiritual predilecta– la explica perfectamente en el siguiente texto[9]:

Yo esperaba con ansia que llegase el día de la confesión. Al deseo de un renacimiento espiritual se añadía una cierta repugnancia a hablar de mis miserias pasadas y de las cosas que me susurraba el Maligno para alejarme de mi nuevo guía. Pero el sabio Maestro me salió al paso diciéndome: «Yo conozco tu alma como tú conoces tu rostro ante el espejo y, antes de que tú hables, ya sé todo lo que me quieres decir. Te advierto además que no me ocultes nunca lo que te dice el tentador. Él es como el ladrón: cuando se ve descubierto huye. Rechaza inmediatamente las tentaciones: son como las chispas que cuanto más tiempo están en nuestra mano más queman».

Era severo cuando yo ofendía a Dios con pecados contra la caridad. De la murmuración decía: «Oh, ¡cómo castiga Dios este pecado, que destruye la caridad fraterna!».

[9] En http://www.san-pio.org/2014/09/.

No toleraba las mentiras, ni siquiera las que no eran causa de daño alguno. Decía: «Si no causan daño al prójimo, lo causan a nuestra alma. Dios es verdad».

Para progresar en el camino de la perfección me aconsejaba tres medios: el examen de la conciencia por la noche; la buena lectura, especialmente de la Sagrada Escritura, y la meditación sobre la vida y la Pasión de Jesús por la mañana. Me sugirió que también por la tarde hiciera la meditación sobre el Crucifijo, para aprender a crucificar el amor propio y la voluntad inclinada al mal.

Cuando le decía que yo no daba importancia a la meditación y que la sustituía con la lectura, me decía: «¡Mala señal!... Los santos lloraban cuando no podían meditar: leer es comer, meditar es asimilar».

Cuando no tenía ganas de orar, no oraba. Pero aprendí a orar, incluso sin ganas, cuando el Padre me dijo: «Quien ora mucho, se salva; quien ora poco, está en peligro; quien no ora, se condena. ¡Lo que cuenta y merece premio es la voluntad, no el sentimiento! Es mejor amar sin sentimiento, que saber que se es amado».

Un día me quejé al Padre Pío, diciendo que la perfección era difícil, a lo que el Padre replicó: «No es difícil: di más bien que es dura para nuestra naturaleza caída».

Con frecuencia me recomendaba apuñalar el propio yo, cada vez que se sublevara, dándole una muerte lenta, pero continua.

De vez en cuando, recordando mi pasado y mi incapacidad espiritual, me desanimaba hasta el punto de llorar como una niña que no es capaz de estudiar. Con dulzura y caridad paterna, el Padre me suministraba la fuerza y el gozo de continuar mi camino, diciéndome: «Recuerda que Dios puede rechazar todo en nosotros; pero no puede rechazar, sin rechazarse a sí mismo, el deseo sincero de un alma que quiere amarlo. Después de todo ¿por qué desanimarte por el recuerdo de tu pasado? El disgusto por nuestras faltas, para que sea agradable a Dios, debe ser pacífico y resignado. Debemos recordar nuestras faltas, pero no más de lo necesario para mantenernos en la humildad ante el Señor. Nuestras miserias son el escaño de la divina Misericordia; nuestras impotencias, el escaño de la divina Omnipotencia. ¡Mira! –y me mostró una bella imagen del Corazón de Jesús–, él es omnipotente, pero su omnipotencia es humilde sierva de su Amor. El Señor es Bondad infinita, y está contento cuando nos ha dado todo».

Esta explicación confortó y consoló mi ánimo, e infundió nueva fuerza a mi voluntad. Di las gracias de todo corazón al Padre que, antes de darme la bendición, añadió: «Estate tranquila, Jesús te ama. Si el pobre mundo pudiese ver la belleza del alma en gracia, todos los pecadores, todos los incrédulos, se convertirían inmediatamente».

2

Del Calvario al Tabor

> *La Cruz siempre está lista*
> *y te espera en todas partes*
> (máxima escrita en la puerta
> de la celda del Padre Pío, la nº 1).

Agonía en Getsemaní

Una vez analizadas las principales características metodológicas de la dirección espiritual del Padre Pío y los principios generales que recomendaba a las almas que se le encomendaban, pasaremos a estudiar su labor como conductor de almas en lo que se refiere a los principios y prácticas que sus dirigidos debían aceptar para progresar en el sendero de la perfección cristiana. En una palabra, trataremos de exponer las virtudes que el Padre Pío recomendaba practicar, y los vicios que exigía evitar, transmitiendo a sus dirigidos una visión del mundo donde les aconsejaba sobre la actitud y las conductas que había que asumir ante la amplia temática de la vida cotidiana, dando respuesta a los desafíos que la realidad del mundo plantea a todo creyente.

Como esta cosmovisión emanaba naturalmente de la espiritualidad del Santo, se hace preciso analizarla en sus rasgos fundamentales, ya que de estos, a su vez, se desprenden los principios y prácticas que conforman los jalones del camino de santificación que proponía a las almas.

Santificación que equivale a salvación, ya que el objetivo de toda dirección espiritual es la salvación de las almas de los dirigidos, de los discípulos, de los «hijos espirituales», aunque realmente es la misión de todo creyente, que tenemos igualmente desde el bautismo al carisma sacerdotal, el cual nos impele a salvarnos y a salvar a nuestros hermanos.

Como sacerdote y como alma víctima, es meridianamente claro que la misión del Padre Pío es salvar almas, arrebatarle almas al Maligno para llevarlas a Dios, rescatándolas de las llamas infernales. Aludiendo a su entrada en la orden capuchina, escribió en noviembre de 1922: «Oh Dios, [...] hasta ahora habías encomendado a tu hijo una misión grandísima. Misión que solo era conocida por ti y por mí... Oh Dios, [...] escucho en mi interior una voz que asiduamente me dice: santifícate y santifica» (*Epistolario* III, 1010). Santificarse en sentido moral, pero también en sentido sacrificial. Sacrifícate por la santificación y la salvación de las almas. Así pues, tenía conciencia de haber sido elegido por Dios para colaborar en la obra redentora de Cristo, a través del amor y la Cruz.

Toda la misión del Padre Pío se enfocó a la salvación de las almas, pero también tenía presente su salvación personal, pues, aunque parezca absurdo, nunca estuvo seguro de ella, porque dudaba de haber respondido bien a la misión que Dios le había encomendado: «Quiero salvarme a cualquier precio –decía–; el Señor me ha elegido, a pesar de mis faltas, para ayudarlo en el gran esfuerzo de salvar a la humanidad»[1].

Sin embargo, en los santos, y en especial en un santo de la magnitud del Padre Pío, esta misión salvífica no se limita solamente a arrancar almas de las garras del Maligno, ya que la Divina Providencia que suscita santos y héroes del espíritu en determinados lugares, en determinadas circunstancias del devenir de la Iglesia, ejerce a través de estas colosales figuras unos planes que escapan frecuentemente a nuestra comprensión, permaneciendo ocultos a nuestro conocimiento, hasta el punto de que la verdadera misión que desempeñan permanece envuelta en el misterio, en el secreto, que solo será desvelado cuando el paso del tiempo arroje luz sobre el plan que Dios había asignado a sus santos.

Este ocultamiento misional se revela también en el Padre Pío, que, ciertamente, es un alma víctima inmolada por la salvación de las almas, pero cuyo horizonte final permanece todavía sumido en las sombras. Él mismo no tenía clara su misión, llegando a decir: «Soy un misterio para mí mismo». Asimismo, confesó: «Muchos secretos de mi vida solamente se revelarán allá arriba», en línea con sus palabras de que su verdadera misión comenzaría después de su muerte.

---

[1] *Epistolario* I, 304.

Sin embargo, en ocasiones dejaba entrever que él sí estaba al tanto de su misión en la Tierra: «El Señor me dio una gran misión, que solamente conocemos él y yo». «Muchos misterios de mi corazón serán descubiertos solo allá arriba», dijo un día.

Esta misión de colaborar con Cristo en la salvación de las almas es el centro de la espiritualidad del Padre Pío, como sacerdote, como confesor y como director de almas.

Un aspecto llamativo de la espiritualidad del Padre Pío es que, a diferencia de otros santos, no escribió ningún libro ni tratado para explicarla, de tal manera que la conocemos por fuentes más indirectas, ya que la reflejó en su correspondencia espiritual con sus directores o dirigidos espirituales, en algunas admoniciones contenidas en sus sermones, en los diálogos que mantuvo con las innumerables personas que buscaron su contacto personal y recogieron en sus testimonios las enseñanzas aportadas por el Santo, y en las enseñanzas con las que realizó su labor de director de los Grupos de Oración.

Aparte de los textos que redactó para su epistolario, el Padre Pío solamente escribió tres textos de meditación, entre los cuales el más importante es *La agonía de Jesús en el huerto*[2], que redactó entre 1918-1920. Los otros dos fueron: *La Inmaculada* y *Tiempo navideño*. Los tres textos fueron publicados en un solo volumen en

---

[2] En http://www.preghiereagesuemaria.it/l'ora%20santa/ora%20santa%20con%20padre%20pio%20da%20pietrelcina.htm.

1980[3] por Ezechia Cardone, padre capuchino del convento de Benevento, primo del Padre Pío.

En total, las hojas de cuaderno escritas por el Padre Pío son treinta. De estas, trece contienen *Agonía de Jesús en el Huerto*, dividida en cuatro partes, de las cuales la última, desafortunadamente, está incompleta. Sin embargo, en ese cuaderno también se adjuntaron otras hojas escritas y, entre ellas, otro cuaderno de doce páginas de 13 x 14, escrito por otra mano, pero corregido y revisado por el Padre Pío, titulado igual. Esta última versión es más completa, aunque no está dividida en secciones.

Ezechia Cardone explica así cómo se gestó la publicación de *La agonía de Jesús en el huerto*[4]:

Después de haberle preguntado al Padre Pío en agosto de 1945 si debía o no aceptar la invitación de las Hermanas de la Preciosa Sangre de la casa de Pietrelcina para dirigirles el curso de ejercicios espirituales anuales, no solo me alentó, sino que me entregó, para prepararme para ello, uno de sus cuadernos, diciéndome: «Esto es bueno para ti. En él hay algunas hojas escritas: no te importe, y por lo tanto comienza a escribir en el lado opuesto. Entonces, cuando ya no necesites el cuaderno, me lo devolverás». Por unos días, para ser fiel a la verdad, no tuve disposición para leer esos escritos.

---

[3] E. CARDONE, OFM, *Padre Pío de Pietrelcina. Meditaciones (La Inmaculada, Tiempo Navideño, La Agonía de Jesús en el Huerto)*, La Casa Sollievo della Sofferenza, San Giovanni Rotondo 1980, 78.

[4] En http://www.preghiereagesuemaria.it/l'ora%20santa/ora%20santa%20con%20padre%20pio%20da%20pietrelcina.htm.

Pero después no solo los leí, sino que, cediendo a las insistentes oraciones de los hijos espirituales del Padre, también los entregué a la prensa. Cuando le conté al Padre Pío el propósito de la publicación, él me dijo: «Escribí esas cosas solo para mí». Tras responderle: «Pero también harán mucho bien a nuestras almas», concluyó con una sonrisa: *Bonum est diffusivum sui* («el bien está destinado por naturaleza a extenderse»).

El contenido de este escrito expresa a la perfección la espiritualidad del Padre Pío, vertebrada en torno al valor redentor del sufrimiento experimentado en la Pasión de Cristo, reflejado en la divinísima Sangre que lava los pecados del mundo:

Jesús, adorado Jesús, ¡déjame morir a tu lado! Jesús, mi silencio contemplativo, muriendo junto a ti, es más elocuente... Jesús, tus dolores penetran en mi corazón, me abandono a tu lado, las lágrimas se secan en mis pestañas y gimo contigo por el dolor que te produjo tu agonía y por la intensidad infinita de tu amor, al que tanto te sometiste.

Sangre divina, que brotaste espontáneamente del corazón amoroso de mi Jesús, lleno de dolor, de amargura extrema, de la lucha feroz que sostiene... Él te empuja desde ese Corazón, que brota de sus poros, que fluye para lavar la tierra. Déjame recogerte, Sangre Divina: quiero tenerte en la copa de mi corazón. Eres la prueba más convincente de que solo el amor te ha sacado de las venas de mi Jesús. Quiero que contigo me purifiques y que purifiques todos los lugares contaminados por el pecado. Quiero ofrecerte al Padre.

No es de extrañar que el Padre Pío eligiera el tema de la agonía en Getsemaní para desarrollarlo en uno de sus tres escritos, pues su vida entera transcurrió con Jesús en la tragedia del Huerto, bebiendo el cáliz del sufrimiento, sangrando por sus estigmas, por los que fluía la misma sangre que Jesús derramó en Getsemaní, en su aspecto corredentor: crucificado con Cristo en el Gólgota, agonizó también con él en el Huerto de los Olivos:

Sí, Jesús, tienes que beber la copa hasta la escoria, ¡ahora estás destinado a la muerte más desgarradora!... Jesús, no hay nada que merezca quitarme de ti, ni la vida ni la muerte. Siguiéndote en la vida, atado a ti, apasionado, déjame rendirme contigo en el Calvario, para ascender contigo en la gloria; para seguirte en tribulaciones y persecuciones, para hacerme de ti digno un día, para amarte en la gloria revelada en el cielo, para cantar el himno de acción de gracias por tu sufrimiento.

Destruye en mí todo lo que no sea de tu gusto, y con el fuego sagrado de tu caridad escribe tus penas en mi corazón, para que me abrace tan fuerte a ti, con un nudo tan estrecho y tan dulce, que nunca más te abandone en tus dolores; para que pueda descansar en tu Corazón en los dolores de la vida, para extraer allí mi fuerza y refrigerio.

Que mi espíritu no tenga otro deseo más que vivir a tu lado en el jardín y estar satisfecho con los dolores de tu corazón; mi alma se embriaga con tu sangre y come contigo el pan de tus penas...

A la luz de estas apasionadas exclamaciones de amor a Cristo, de adoración de su Sangre redentora, no se puede por menos que afirmar que el Padre Pío estaba crucificado con Cristo, que ya no era él quien vivía: era Cristo quien vivía en él, como sucedió con el apóstol san Pablo (cf Gál 2,19).

En efecto, esa sangre redentora que cautivó al Padre Pío es la misma que él derramaba desde sus estigmas, los cuales le crucificaban en el mismo leño de Cristo, le hacían apurar la copa de dolor que Jesús bebió en Getsemaní. De ese río de sangre extrajo el Padre Pío su mística de la Cruz, y empapó su espiritualidad, gestada en el Calvario, a los pies sangrantes de Cristo.

La misión del Santo fue salvar almas, y por eso enseñó que los sufrimientos, las aflicciones, las tribulaciones, los dolores que nos clavan en el leño del Calvario y nos hacen derramar sangre son un camino seguro para la salvación de las almas, el epicentro de toda la espiritualidad cristiana. El rescate de las almas de las garras del Maligno lo hacía al precio de derramar sangre como víctima propiciatoria: «Si se nos escapan muchas almas es porque no pagamos su precio», decía el Padre Pío.

Fray Modestino, natural de Pietrelcina y amigo del Padre Pío desde la infancia, había comprobado que el

Santo lloraba siempre en la Misa, en especial durante el Ofertorio. Para enjugarse las lágrimas, el Padre Pío usaba pañuelos, y también usaba otros para secarse el sudor de la frente.

Consiguió hacerse con 5 de esos pañuelos, de los cuales dos los había usado el Santo para enjugarse las lágrimas, y los otros tres para la frente: ¡todos tenían manchas de sangre!

¿Por qué y para qué el derramamiento de sangre, en el Gólgota y a través de las heridas de las tentaciones, de las espinas de las aflicciones que asedian nuestra vida?

¿Cómo se derrota a Satanás? En el Gólgota, en la Cruz. Esta fue la final y más grande victoria de Cristo sobre el príncipe de las tinieblas: «Mediante su sacrificio en la Cruz, el Señor Jesús nos libró del reino de las tinieblas, y nos ha trasladado al reino de su amado Hijo, en quien tenemos redención por su sangre, el perdón de pecados» (Col 1,13-14). Cristo venció sobre las tinieblas al clavar en la Cruz todos los decretos que Satanás tenía en contra de nosotros (Col 2,13-14).

Es la sangre del Cordero, pues, quien derrota a los poderes de las tinieblas, quien lava los pecados del mundo, quien salva a las almas cubriéndolas con su misericordia: «Ahora ha venido la salvación, el poder y el reino de nuestro Dios, y la autoridad de su Cristo; porque ha sido lanzado fuera el acusador de nuestros hermanos, el que los acusaba delante de nuestro Dios día y noche. Y ellos le han vencido por medio de la sangre del Cordero y con el mensaje que ellos proclamaron; no tuvieron miedo de perder la vida, sino que estuvieron dispuestos a morir» (Ap 12).

Es la misma sangre que se ofrece sacrificialmente en la Eucaristía, la misma sangre que derraman los santos en su entrega incondicional a Cristo, la misma sangre que brotaba de las llagas del Padre Pío. Por esa sangre hemos sido comprados y rescatados de la muerte. Y, como el ataque de las fuerzas del Mal en nuestros días es abrumador, hacía falta un mayor derramamiento de sangre... ¿Cuál fue el resultado?, que el Padre Pío tuvo que llevar los estigmas durante 50 años, tuvo que estar en el Gólgota crucificado con Cristo, derramando la sangre de Cristo a través de sus estigmas, porque es allí donde se combate a Satanás, donde se rescatan las almas; porque el Calvario es el lugar de la victoria sobre las fuerzas del mal, triunfo que nos redime de la oscuridad, del sufrimiento y del pecado. Como dice Antonio Socci: «Fátima y el Padre Pío, juntos, son la gran respuesta del cielo al horrible siglo del mal».

El cardenal Corrado Ursi decía: «El Padre Pío recibió los estigmas en su cuerpo, como Cristo, para destruir los pecados y los sufrimientos del mundo contemporáneo».

Derramada la sangre del Cordero en su Pasión y Muerte, el Padre Pío meditaba diariamente en la Pasión del Señor, y recomendaba –casi exigía– a sus hijos espirituales la práctica de esta devoción.

La Pasión crística se resume y expresa en sus Sagradas Llagas, en las heridas a través de las cuales se derrama su Preciosa Sangre, la Sangre redentora que quita los pecados del mundo, la Sangre sanadora que cura, la Sangre reparadora que borra nuestras faltas, la Sangre salvadora que convierte nuestras almas, la Sangre protectora que derrota a Satanás... Es la Sangre que fluye a través del Sagrado Corazón de Jesús, pleno de amor y de misericordia, origen de ese torrente de sangre con el que Cristo nos redime.

Esa Sangre poderosa es la que se derramaba a través de los estigmas del Padre Pío, los cuales eran las mismas Llagas de Nuestro Señor, que sangraba a través de sus heridas para la redención del mundo. Es la misma Sangre que se nos ofrece en la Eucaristía, la que se derrama en los misterios del Rosario, la que nos regala su poderoso rocío en la adoración del Santísimo.

Nosotros también estamos estigmatizados hasta cierto punto, pues tenemos en el corazón una herida de amor, una llaga profunda que sangra continuamente por la separación del Amado que experimentamos en este bajo mundo. También sangramos a través de las llagas que forman en nosotros nuestros sufrimientos, nuestras tribulaciones, nuestros dolores, los cuales constituyen nuestra Pasión particular, con la cual subimos al Gólgota a completar la Pasión de Cristo, con la cual nos hacemos almas víctimas, y nos hacemos verdaderamente hijos espirituales del Padre Pío.

La mística de la Cruz

Con su experiencia de ser un «varón de dolores» el Padre Pío elaboró una mística de la Cruz, que constituye el centro de su espiritualidad, el tema fundamental de su magisterio y el núcleo de su misión.

Si el Padre Pío ejerció su ministerio sacerdotal y su misión de dirigir almas subido a la Cruz, instalado en la cátedra del Calvario, es natural que desde allí –como director espiritual– exhortara a las almas que se le encomendaron a comprometerse con este camino de salvación, guiados por la sabiduría de la Cruz. No podía ser de otra manera porque, aparte de que el camino de la Cruz es el sendero de salvación para todo creyente, estamos ante un santo que siguió ese camino hasta el final, de una manera perfecta, porque el Padre Pío es un alma víctima, y es desde su experiencia sacrificial desde donde dirigía a sus hijos espirituales.

Por esta razón, el programa de espiritualidad que el Padre Pío desarrolla en su dirección de almas está centrado en el misterio de la Pasión y Muerte de Jesús, por él aprendido y enseñado en la escuela del dolor del sacrificio y de la Cruz, en la cual nuestras almas pueden santificarse: «Con frecuencia el Padre Pío desarrolla todo un programa de dirección espiritual centrado en el misterio de la Cruz en las cartas a sus hijas espirituales, y tal vez en ningún otro campo de su pedagogía ascético-mística ha alcanzado cimas tan elevadas como en este. Si fue profunda su visión teológica de la Cruz en la actual economía de la gracia, fue también insuperable su metodología en la formación de las almas acerca de esta verdad fundamental del cristianismo para conducirlas sabia y eficazmente, siguiendo las huellas ensangrentadas del Señor crucificado»[5].

El mejor estudio de las características de la dirección espiritual ejercida por el Padre Pío fue el realizado por el padre Melchor de Pobladura, en sus obras: *En la escuela espiritual del Padre Pío* y *Problemática de la dirección espiritual en el epistolario del Padre Pío*. Según este autor, «indudablemente la referencia a la Cruz es una de las constantes de la enseñanza del Padre Pío. Es un pensamiento dominante, fácilmente identificable en el fondo de su magisterio». Según el Padre Pío, en el camino de la vida espiritual es esencial «encontrarse vitalmente con Cristo Crucificado», ayudado y acompañado por su divina Madre María, la querida Corredentora.

Desde los comienzos de su vocación, el Padre Pío estuvo convencido de que la Cruz no es solo una condición que Jesús nos impone para seguirle, sino que es la condición más real y auténtica de pertenecer a su Reino: uno es en verdad cristiano solo en la medida en que acepta la Cruz como deseo fundamental de vida, para imitar a Jesús.

En esta teología de la Cruz afirma que el sufrimiento, aceptado en la fe y ofrecido en el amor, se convierte en una cruz que nos purifica de nuestros pecados, nos

---

[5] En http://www.padrepiosanto.info/Espiritualidad.htm.

conforma con Jesús, y nos hace participar en la misión de redimir almas.

El cardenal José Saraiva, CMF, prefecto de la Congregación para las causas de los santos, explica la espiritualidad del Padre Pío poniendo como eje de la misma el misterio de la Cruz:

El Padre Pío eligió la Cruz, pues estaba convencido de que toda su vida, al igual que la del Maestro, sería «un martirio». En el mes de junio de 1913, escribía al padre Benedetto, su director espiritual: «El Señor me hace ver, como en un espejo, que toda mi vida futura no será más que un martirio».

Con todo, es preciso tener presente que esta visión tan clara de su incierto y tormentoso futuro ni le preocupaba ni le desalentaba. Más aún, en lo más íntimo de su alma, se alegraba vivamente de haber sido llamado a cooperar en la salvación de las almas con el sufrimiento, que cobra su valor y eficacia de la participación real en la Cruz de Jesús.

Por eso, el Padre Pío aceptaba de buen grado y con alegría todos los dolores del cuerpo y del alma que el Señor le enviaba, y en su corazón escuchaba cada vez con mayor insistencia la voz de Dios que lo llamaba al sacrificio y a la inmolación por los hermanos[6].

---

[6] J. SARAIVA, CMF, prefecto de la Congregación para las causas de los santos, en http://www.franciscanos.org/santoral/piopietrelcina4.htm.

En una carta al padre Agostino, escribió: «Cuando Jesús quiere darme a conocer que me ama, me hace gustar las llagas, las espinas y las angustias de su Pasión... Cuando quiere hacerme gozar, me colma el corazón de aquel espíritu que es puro fuego, me habla de sus delicias... Jesús, varón de dolores, quisiera que todos los cristianos lo imitaran... Mi pobre sufrir no vale nada, pero a pesar de ello le agrada a Jesús, porque en la tierra lo amó mucho».

En muchas de sus frases, parecidas a jaculatorias, expresaba condensadamente su mística de la Cruz:

- Sufro todo lo que Jesús sufrió en la Pasión.
- Sufro tanto como cualquiera que tenga a toda la humanidad a sus espaldas.
- El que comienza a amar debe estar listo para sufrir.
- El sufrimiento es mi pan de cada día, mi delicia.
- El reino de los cielos se alcanza con la oración y el sufrimiento.
- El Señor me muestra, como en un espejo, mi vida por delante: nada más que el martirio.
- Jesús es mi testigo de lo que he ofrecido y ofrezco solo a él: mi martirio extremo.
- Pertenezco completamente a todos, y por eso sufro inmensamente por todos.
- La vida es un calvario. Conviene subirlo alegremente.
- Que siempre seamos amigos de la Cruz, que nunca huyamos de ella, porque quien huye de la Cruz

huye de Jesús, y quien huye de Jesús nunca encontrará la felicidad.

- Ten sobre tu corazón a Jesucristo crucificado, y todas las cruces de este mundo te parecerán rosas.

- ¿No es acaso la Cruz la prueba infalible del gran amor de Dios a un alma?

- Sí, consolémonos al vernos cada vez más oprimidos por las aflicciones: demos gracias a la divina piedad que nos hace partícipes de la pasión y muerte de nuestro Divino Maestro y, hasta que no se pueda decir de nosotros «este cristiano es otro Cristo», no nos detengamos hasta subir el Calvario.

- Si Dios nos somete a una cruz muy pesada, y nos da la fuerza necesaria para soportarla con mérito, son signos inequívocos y únicos de su amor por nosotros. Esa cruz muy pesada a veces pueden ser problemas de salud, problemas familiares... también pueden ser incomprensiones, tentaciones o tribulaciones de distinto tipo... Nosotros debemos pedir esas cruces. Pensemos esto: son signos inequívocos y únicos de su amor por nosotros.

- No temas las adversidades, ya que ponen el alma al pie de la Cruz, y la Cruz nos pone en las puertas del cielo, donde se hallará él, que triunfa sobre la muerte y te introducirá en el gozo eterno.

La inmolación sacrificial que supone la victimación en la Cruz tiene como origen y como horizonte el cumplimiento de la voluntad divina, pronunciar el *fiat* con el que entregamos a Dios nuestra voluntad.

En sus enseñanzas y exhortaciones, el Padre Pío ponía más énfasis en la ignominiosa muerte de Cristo que en su triunfante resurrección, ya que este enfoque parece más apropiado e incluso más inteligible a la naturaleza humana caída, más cercana a la muerte que a la gloria. Como explica el padre Stefano Manelli: «La vida humana está entretejida con espinas, de modo que presentar la gloriosa vida de Cristo resucitado como un sustrato de este arduo viaje es, de alguna manera, casi invitarnos a vivir fuera del tiempo presente y a acunarnos en el futuro. La resurrección es el término escatológico del cristiano, pero la muerte, simbolizada en la Cruz, es el estado actual de cada persona en cualquier condición de vida que sea. En otras palabras, la sabiduría de la Cruz es más adecuada que la sabiduría de la resurrección para la vida presente. Siendo realistas, por tanto, la vida cristiana debe orientarse bajo el signo de la Cruz, en lugar de verse y contemplarse bajo el esplendor de la resurrección»[7].

El fin del sufrimiento vivido en la fe es el de expresar el amor a Cristo, quien se sacrificó por nosotros. No estamos aceptando el dolor solamente como un ejercicio penitencial, como una mortificación que nos consigue méritos para el perdón de los pecados propios y ajenos, como una práctica flageladora propia de almas

---

[7] *Ib.*

excesivamente escrupulosas, ya que las tribulaciones son una ofrenda de amor que se regalan a Cristo.

Sacrificarse por el ser amado es la mayor prueba de amor que podemos darle, ya que esa inmolación demuestra la profundidad de nuestra entrega, que es capaz de soportar el dolor –y pedirlo– con el fin de demostrar que se está dispuesto a entregar incluso la misma vida. Este sacrificio amoroso tuvo su manifestación más excelsa en el Gólgota: «El sufrimiento es la más viva expresión del sacrificio, y esta es la mejor prenda de amor que podemos ofrecer a Cristo, que se inmoló por nosotros, pues sufrir por el Amado es la demostración más segura de nuestro amor». «Ama a Jesús, ámale muchísimo; pero, para hacer esto, tienes que estar preparado para amar más el sacrificio».

Por otra parte, el sufrimiento que redime almas es también el que nos purifica y santifica. El hilo conductor de su epistolario se puede resumir en una palabra: santificación. Aludiendo a su entrada en la orden capuchina, escribió en noviembre de 1922: «Oh Dios, [...] hasta ahora habías encomendado a tu hijo una misión grandísima. Misión que solo era conocida por ti y por mí... Oh Dios, [...] escucho en mi interior una voz que asiduamente me dice: santifícate y santifica» (*Epistolario* III, 1010). Santificarse en sentido moral, pero también en sentido sacrificial, inmolándose por la santificación y la salvación de las almas. Así pues, tenía conciencia de haber sido elegido por Dios para colaborar en la obra redentora de Cristo, a través del amor y la Cruz.

El camino de la Cruz es el que deben recorrer todos los creyentes que aspiren a su santificación, el único que pueden seguir todos los que quieran buscar sinceramente a Dios como discípulos de Cristo y alcanzar la santidad: no existe otro camino para la salvación. El Santo del Gargano animaba a las almas a vivir el misterio de la corredención del sufrimiento, para suplir así lo que le falta a los sufrimientos de Cristo en favor de la Iglesia: «Bajo la Cruz se aprende a amar, y yo no la doy a todos, sino solo a las almas que quiero más».

Pierino Galeone destacaba la virtud de la fortaleza como la actitud del alma más importante a la hora de afrontar el itinerario del sufrimiento redentor, según el Padre Pío:

De Jesús tenía una fuerza sobrenatural excepcional para perseguir el bien, reprimir todo miedo y evitar la imprudencia. Como Jesús era resuelto, valiente y constante.

El Padre Pío se preocupó primero de convertirse en santo, luego de santificar, luego de emprender y ejecutar obras grandes y difíciles. Dijo que para convertirse en un santo hay que saber sufrir, sufrir sufrimientos, enfermedades, calumnias y luchar contra el miedo a las penitencias, los peligros, las críticas y el disgusto de los amigos. Se esforzó por imitar la fuerza del espíritu de Jesús en la vida oculta, en la vida pública y en la Pasión, Muerte y Entierro.

La participación en los sufrimientos de Cristo fue total. Cultivó el don de la fortaleza que le comunicaba la disposición generosa de sacrificarse por Dios y sufrir ese martirio a fuego lento que consiste en el esfuerzo renovado de hacer todo por Dios y sufrir todo por su gloria y por sus hermanos. Soportó sufrimientos físicos y morales con un corazón tranquilo, por el amor de Dios y en unión con Jesús Crucificado.

La meditación y la contemplación de la Pasión y la Muerte de Jesús hicieron que su alma fuese noble y generosa en el cumplimiento de la misión salvadora del Redentor. Su heroica paciencia y amor por el sufrimiento dio origen a la sabiduría de la Cruz en su corazón, que es el secreto de su misión de asociarse con la Redención de Cristo hasta el fin del mundo.

Un día, en confesión, me explicó el itinerario del sufrimiento: en primer lugar, aceptamos el dolor de Dios para reparar el pasado, purificar el alma y vencer toda repugnancia; luego se abrazan los sufrimientos con ardor y resolución, con la alegría de anticipar con Cristo el camino doloroso, desde la cuna hasta el Calvario, y así se admira, alaba y ama cada estado doloroso de Jesús: la pobreza y el exilio, las oscuras obras de la vida oculta, las fatigas de la vida pública y los sufrimientos físicos y morales de la larga y dolorosa Pasión. El alma se siente más valiente frente al dolor y la tristeza, yace amorosamente en la cruz desnuda al lado de Jesús, mira compasivamente su mirada y escucha de sus labios: «Bienaventurados los que sufren por causa de la justicia».

La esperanza de participar cada vez más en la gloria con Cristo hace que la crucifixión con él sea más llevadera, hasta el punto de regocijarse en miserias y tribulaciones. Sufrir con Cristo es amarlo y consolarlo perfectamente. El deseo y el amor al sufrimiento se hacen cada vez mayores, mayor es el amor por Jesús y por las almas. El amor perfecto y el sufrimiento perfecto llevan al alma a convertirse en la víctima perfecta, dispuesta a pedir sufrimientos excepcionales tanto para reparar la gloria de Dios como para obtener grandes favores para los vivos y los muertos.

El Padre Pío también me reveló que le había pedido a Jesús y que había logrado no solo ser una víctima perfecta, sino también una víctima perenne, es decir, continuar siendo una víctima en sus hijos, para prolongar su misión con Cristo hasta el final del mundo. Me dijo y confirmó que tenía la misión del Señor de ser la víctima y el Padre de las víctimas hasta el último día. Por esta razón, su constancia no sabía ceder, ni sentir cansancio o desánimo. El Padre Pío lo sabía bien, y él también me recordó que la perseverancia es un regalo de Dios: él sabía la duración de su vida y nunca perdió tiempo en el sufrimiento al amar y amar al sufrir con Cristo por sus hermanos. Sus fuertes convicciones le dieron una profunda desconfianza hacia sí mismo y una confianza ilimitada en Dios. El secreto de su fortaleza singular le llegó del fuego devorador del amor, más fuerte que la muerte, que también atormentaba sus entrañas para amar a Cristo y a los hermanos de las futuras generaciones.

Nada pudo separarlo del amor de Cristo: Dios era su fortaleza y él era nuestra fortaleza.

Al observador superficial le impresionan los estigmas exteriores del Padre Pío. Sin embargo, desde el punto de vista teológico, el fenómeno no es importante por su aspecto *clínico*, sino más bien por lo que manifiesta, es decir, su transfiguración total en Cristo crucificado y resucitado. Las llagas corporales visualizan las que san Gregorio de Nisa llamaba «llagas espirituales». Son heridas que provocan un amor profundo, que asemeja al amado. De esas llagas espirituales el Padre Pío tuvo una experiencia exaltante, aunque dramática.

La cruz, sea cual sea el nombre con que se la designe y sea cual sea el aspecto bajo el cual se manifieste, en la vida del cristiano ocupa un lugar central; y el estigmatizado del Gargano lo comprendió, vivió y propuso. Nunca presentó un programa científicamente elaborado, pero tenía ideas muy claras sobre el plan salvífico de Dios, que gira en torno a la Cruz de Cristo redentor. Había penetrado y sondeado profundamente las riquezas del misterio de la Cruz, «necedad para los que se pierden, mas para los que se salvan, para nosotros, es fuerza de Dios» (1Cor 1,18)[8].

Siguiendo al Divino Maestro

Como no podía ser de otra manera, la dirección espiritual del Padre Pío gira en torno al misterio de la Cruz,

---

[8] P. GALEONE, *Padre Pio, Mio Padre*, Edizioni San Paolo, Cinisello Balsamo 2005, 24-27.

porque, aparte de que el camino de la Cruz es el sendero de salvación para todo creyente, estamos ante un santo que siguió ese camino hasta el final, de una manera perfecta, porque el Padre Pío es un alma víctima, y es desde su experiencia sacrificial desde donde dirigía a sus hijos espirituales.

Desde la cátedra del sufrimiento, el Padre Pío manifestó sus dotes de maestro del espíritu y consiguió formar almas generosas y enamoradas de Dios, alimentadas con la sabiduría que se obtiene al pie de la Cruz en el monte Calvario. Con su ejemplo y con su palabra exhortaba a las almas que se encomendaban a su dirección a seguir las enseñanzas de esta escuela. Como dice Melchor de Pobladura, «la doctrina del sufrimiento purificador y la teología del dolor salvífico es el tema de fondo de la enseñanza del Padre Pío en la dirección de las almas. Este es el núcleo de su dirección espiritual, a la vez que su empeño personal en guiar su vida hacia la santidad».

Partiendo de esta mística de la Cruz, el Padre Pío invitaba a sus dirigidos a que subieran al Calvario para compartir los sufrimientos de Cristo, colaborando así en su misión redentora. Por este motivo, se quejaba de que esta ascensión al Gólgota no fuera fácilmente aceptada: «Casi todos vienen a mí para que les alivie la cruz: son muy pocos los que se me acercan para que les enseñe a llevarla».

En su correspondencia, con mucha frecuencia sus hijos espirituales le planteaban las dificultades que experimentaban en su vida espiritual, y las tribulaciones que les agobiaban. En las respuestas que el Padre Pío les escribía brilla con especial énfasis su mística de la Cruz, su teología del sufrimiento como camino de salvación y redención:

Sigamos al Divino Maestro a lo largo de la cuesta del Calvario cargando con nuestra cruz, y, cuando él crea conveniente clavarnos en la cruz, démosle las gracias, y considerémonos afortunados por tanto honor que nos ha sido concedido, sabiendo que el estar crucificado con Jesús es un acto mucho más perfecto que el simple contemplar a Jesús en la Cruz. Por eso, no hay que asustarse por la cruz. Hay almas que no avanzan en la vida espiritual por miedo a la cruz. Más aún, hay almas que retroceden, incluso hay almas que abandonan a Cristo porque le tienen miedo a la cruz.

La esencia de su magisterio en torno al misterio de la Cruz era la afirmación de que el sufrimiento, lejos de ser un castigo, es un honor que el Señor reserva sus elegidos: «En la espiritualidad del Padre Pío, el sufrimiento no es castigo, sino amor finísimo de Dios. Lo que ordinariamente aumenta la intensidad del dolor moral es la tentación, sutil, que lleva a las almas a creer que sus sufrimientos son un castigo infligido por Dios a causa de la infidelidad, una prueba más del mal estado de su conciencia y una demostración de que se han salido del camino recto de la salvación y la santificación. En estos casos, corresponde al director espiritual hacerles comprender que el estado que atraviesan no es ni castigo por las faltas o infidelidades, ni expiación por los propios pecados desconocidos, ni una venganza de la justicia divina. Al contrario, es una prueba del amor de predilección a las almas privilegiadas, elegidas para compartir los misterios dolorosos del Redentor»[9].

El prototipo, el ejemplar en el cual es preciso mirarse y modelar nuestra vida es Jesucristo; pero Jesús ha escogido por bandera la Cruz, y por ello quiere que todos sus discípulos sigan la senda del calvario, llevando la Cruz para después morir en ella.

Sí, yo amo la Cruz, la Cruz sola, y la amo porque la veo siempre sobre las espaldas de Jesús. Y Jesús sabe muy bien que toda mi vida, que todo mi corazón, se ha entregado completamente a él y a sus penas.

De las almas generosas y enamoradas de Dios él espera los heroísmos y la fidelidad para llegar, después de la subida al Calvario, al Tabor. El día del juicio universal veremos que estas almas, sin haber derramado su sangre por la fe, al igual que los mártires, son coronadas con la palma del martirio.

---

[9] *Ib.*

Ten en tu corazón a Jesús crucificado y todas las cruces del mundo te parecerán rosas. Aquellos que han sentido las punzadas de la corona de espinas del Salvador, que es nuestra cabeza, de ningún modo sienten otras heridas.

Es preciso humillarse, viendo que somos tan poco dueños de nosotros mismos y amamos tanto la comodidad y la quietud. Ten siempre presente delante de tus ojos que él no vino para descansar ni para tener comodidades espirituales ni temporales, sino para luchar, mortificarse y morir.

Jesús está siempre con usted, incluso cuando le parece que no lo siente. Y nunca está más cerca de usted que en las luchas espirituales. Siempre está allí, cerca de usted, animándola a librar con valentía la batalla; está allí para parar los golpes del enemigo, a fin de que no le alcancen a usted.

No diga que usted es la única que sube al Calvario, y que se encuentra luchando y llorando sola, porque con usted está Jesús, que no la abandona nunca.

Solía decir que las penalidades son un honor que Dios nos hace, pues nos reserva el mismo trato que le dio a su Hijo, y son una clara señal de que encuentra agrado en nosotros. Por ello, deberíamos estar agradecidos por este privilegio que nos concede:

Os consuele saber que las alegrías de la eternidad serán tanto más profundas y más íntimas, cuantos más días de humillación y años infelices contemos en nuestra vida presente. Bendita sea la caridad del Señor, que sabe mezclar lo dulce con lo amargo, y transformar en premio eterno las transitorias penas de la vida terrenal.

Ten por cierto que si a Dios un alma le es grata, más la pondrá a prueba. Por tanto, ¡coraje! ¡Y adelante siempre! Cuanto mayores son las penas, es tanto mayor el amor que Dios os tiene; conocéis el amor de Dios por este signo: por las penas que os manda.

En una carta que escribió el 28 de junio de 1918 (*Epistolario* III, 865), el Padre Pío explicaba una vez más a una hija espiritual el sentido del sufrimiento que crucifica a un creyente en la misma Cruz de Cristo:

Tú te ves abandonada, y yo te garantizo que Jesús te tiene más cerca que nunca de su divino Corazón.

También nuestro Señor se lamentó en la Cruz del abandono del Padre; pero el Padre ¿abandonó alguna vez o puede abandonar a su Hijo? Son las pruebas supremas del espíritu; Jesús las quiere: ¡hágase! Tú pronuncia resignada este «hágase» cuando te encuentres en tales pruebas, y no temas.

Escríbeme con frecuencia sobre el estado de tu alma y no tengas miedo de nada; usaré contigo toda la caridad de la que está lleno el corazón de un padre. Yo –aunque indigno– oro y hago orar por ti; tú estate contenta de que Jesús te trate como quiere: ¡es siempre un padre y muy bueno!

A Erminia Gargani, en 1918, le escribe (*Epistolario III, 716*): «Cálmate y ten por cierto que estas sombras y estos sufrimientos tuyos no son un castigo condigno a tus iniquidades; ni eres impía, ni estás cegada por la malicia; eres una de las muchas almas elegidas a las que Dios prueba como al oro en el fuego. Esta es la verdad; y, si dijera lo contrario, no sería sincero e iría contra la verdad».

En cierta ocasión, el Padre Pío explicó el significado del sufrimiento a su padre, Zi'Grazio, que estaba alojado en la casa de Mary Pyle, vecina al convento, donde su hijo acudía a visitarle. Al oír las quejas que tenía por lo que estaba sufriendo, el Padre le dirigió unas pocas palabras, pero de meridiana claridad: «Tata, ves que todos tenemos pecados que pagar: si los descuenta desde allí, en el otro mundo, no gana méritos, no le da gloria a Dios y no nos honra a nosotros; en cambio, si los descuenta desde aquí, además de descuento, gana mérito por toda la eternidad, da gloria a Dios y me honra a mí».

3

Vía Crucis: Camino de perfección

Gólgota

Es evidente que el camino de la Cruz que ofrecía el Padre Pío como itinerario hacia la montaña de la santidad, hacia las escarpadas cumbres del espíritu, es un sendero de gran dificultad, que cruza regiones inhóspitas, que atraviesa dimensiones peligrosas, que nos lleva por territorios colmados de malezas y abrojos. Por ese motivo el Santo capuchino nunca ocultó ni subestimó los problemas de este camino de perfección, ya que conocía perfectamente las angustias y los peligros de una lucha que resulta todavía más peligrosa por la posible derrota. Por eso, siempre se preocupaba de hacer a los demás conscientes de los frutos del sufrimiento aceptado y compartido con Cristo, según la exhortación de san Pablo: «Soporta las fatigas conmigo, como un buen soldado de Cristo Jesús» (2Tim 2-3).

«No queremos persuadirnos de que nuestra alma necesita el sufrimiento; de que la Cruz debe ser nuestro pan de cada día. Igual que el cuerpo necesita alimentarse, así el alma necesita día tras día de la Cruz, para purificarse y separarse de las criaturas. No queremos comprender que Dios no quiere, no puede salvarnos ni santificarnos sin la Cruz, y que cuanto más atrae a un alma del hacia sí, más la purifica por medio de la Cruz».

Conocedor de los desafíos de este itinerario espiritual, el Padre Pío dedicó una parte considerable de su magisterio a guiar a las almas por las angostas sendas del viacrucis que emprendían bajo su dirección: «El Padre Pío encontraba fórmulas claras y sinceras, expresiones accesibles a todos, argumentos convincentes para recorrer el difícil camino del Calvario hasta unirse para siempre con Cristo en la gloria del Tabor. Sabía y repetía que el dolor no es apetecible de por sí, y que la naturaleza humana lo rechaza instintivamente como contrario a la felicidad. El cristiano lo acepta por motivos teológicos y sobrenaturales.. Se esforzaba por hacer que las almas atribuladas lo comprendieran»[1].

Para ayudar a sobrellevar las pesadas cargas de las tribulaciones, el Padre Pío animaba a las almas dolientes a identificar sus dolores con los que experimentó Cristo en el Gólgota. Según testimonio de Cleonice Morcaldi, el 3 de noviembre de 1922 el Padre le dijo: «En las cruces, en las pruebas, en las persecuciones, mira siempre a Jesús crucificado, refléjate en Jesús, que agoniza en la Cruz por amarnos a nosotros; así encontraremos fuerzas para sufrir también nosotros por su amor. El amor y

---

[1] J. Saraiva, CMF, en L'Osservatore Romano, edición semanal en lengua española (14 de junio de 2002), en http://www.franciscanos.org/ santoral/piopietrelcina4.htm.

el dolor van de la mano. El amor es inconcebible sin el dolor. Más aún, del dolor es de donde brota el amor».

Para asociar nuestro sufrimiento al de Cristo, y participar así de su poder salvífico, el Padre Pío recomendaba tener presente el Calvario, identificando nuestros dolores con las llagas de Cristo: «Imagina a Jesús crucificado en tus brazos y en tu pecho, y di cien veces mientras besas su pecho: "Esta es mi esperanza, la fuente viva de mi felicidad; este es el corazón de mi alma: nada me separará jamás de su amor [...]. Quédate conmigo, Señor, porque tan pobre como es mi alma, quiero que sea un lugar de consuelo para ti"».

Su pedagogía a la hora de dirigir a las almas atribuladas que vacilaban bajo el peso de la Cruz se basaba en una frase que repetía a menudo: «Mantenga a Jesús crucificado en su corazón», a la vez que recomendaba fijar la mirada en el crucifijo, para contemplar el rostro de Jesús crucificado, cuya hermosura era para el Santo superior a la de Jesús resucitado.

Para que el sufrimiento fuera más fácilmente aceptado, el Santo también solía recordar que el sufrimiento que experimentamos en nuestra vida constituirá la corona de nuestra gloria en la vida eterna, pues esas tribulaciones serán la palma de nuestro martirio, equivalente a la de quienes derramaron su sangre por Cristo, e incluso tendrán un mérito mayor, porque son tribulaciones que se experimentan todos los días, y esta continuidad en el tiempo las convierte en un holocausto mayor que el que se experimenta en un momento de martirio.

A quienes le decían que querrían dar a Dios la prueba de amor de los mártires, el Padre Pío les decía: «Tal martirio fue un momento de entusiasmo y dolor, pero el martirio del corazón, soportado todos los días en lucha contra las propias inclinaciones, el mundo, el demonio y la carne, es un continuo gotear que da mucha gloria a Dios». Esta idea es la que se explica en este diálogo del Santo con un devoto:

—Padre, ayer leí el martirio de santa Agnese y de santa Cecilia, beatas y mártires que un día se encontraron en el Paraíso.

—Sí, pero nuestro martirio es un suplicio de todos los días, por ello da más gloria a Dios.

Pero lo que sin duda más puede ayudar a la aceptación plena del sufrimiento es la comprensión profunda de que mediante nuestro dolor estamos contribuyendo a la salvación de las almas, de que estamos cooperando con Cristo en la redención del mundo, ganando almas para el Reino, arrancándolas de las garras de Satanás.

El Padre Pío, siguiendo la más pura tradición de la espiritualidad cristiana, viene a afirmar que nuestro sufrimiento es garantía de la salvación de las almas, que con nuestro dolor estamos salvando almas, rescatándolas del Maligno para reintegrarlas a Dios. Subidos al Gólgota de nuestras tribulaciones, estamos colaborando con Cristo en su obra redentora, aunque no tengamos ni idea de cuáles son esas almas que estamos corredimiendo, aunque no seamos conscientes de que con nuestra sangre y nuestras lágrimas estamos recuperando almas para Dios.

La siguiente historia –mi preferida entre todas las que conozco sobre el Padre Pío– ilustra a la perfección esta verdad, que viene a ser el epicentro de la espiritualidad del Santo. Una mujer fue a ver al Padre Pío, preguntándole: «Dígame, Padre, ¿por qué estoy enferma? Lo he estado durante 30 años. Es cierto que puedo desempeñar mis labores, pero solo con gran dolor». A lo cual replicó él: «Eso es un gran favor. El Señor te ha escogido para que sufras. Tienes dos hermanos que llevan una vida muy mala, y tus otros parientes no son mucho mejores. Por la salvación de sus almas sufrirás durante dos años más, después de lo cual quedarás curada. Habrás entonces salvado todas esas almas. Cada sufrimiento es un favor, aunque no sepamos entenderlo así. Debemos entonces rezar siempre: "Señor, hágase tu potestad a donde quiera que vaya, Señor, hágase tu voluntad, aunque no lo entienda". Porque, ¿qué cosa más bella podemos ofrecerle al Señor que afrontar nuestras penas y sufrimientos con amor y paciencia? Con ello podemos salvar muchas almas».

Una comunión de sufrientes

Debido a los casi omnipresentes escrúpulos exagerados de sus hijos espirituales, el Padre Pío desarrolló en su labor como director espiritual una pedagogía para hacer comprender a las almas que dirigía que el sufrimiento que les afectaba no era un castigo por sus pecados, sino una prueba del amor de Dios, una muestra de que eran almas predilectas, pues Dios las había elegido para compartir los sufrimientos de su Hijo.

Una parte importante de su magisterio con las almas víctimas fue hacerlas comprender que los sufrimientos, lejos de ser un castigo, son una prueba del amor de Dios, ya que lo que aumenta la intensidad del dolor es la tentación que lleva a las almas a creer que sus dolores son un castigo infligido por Dios a causa de infidelidades y pecados, una prueba de que se han salido del camino recto de la salvación y la santificación. Por el contrario, el Padre Pío afirmaba continuamente que los sufrimientos y pruebas son una muestra del amor y predilección por las almas privilegiadas elegidas para compartir los misterios dolorosos del Redentor.

El Padre Pío afirmaba que la clave del sufrimiento es considerarlo como la mejor prueba para demostrar nuestro amor a Dios: Dios nos envía sufrimiento porque nos ama, y nosotros lo sufrimos por amor a Él.

Aunque nos cueste entenderlo, y ni siquiera el mismo Padre Pío lo comprendiera, Dios encuentra sus delicias en nosotros. Este amor es tan grande, que nos puede llevar a sentirnos pequeños a la hora de devolver una ínfima parte de la ternura divina, pero el Padre decía que la mejor manera de amar a Dios es humillándose ante Él, más que hacer cosas grandes, amando sus mandamientos y cumpliendo los deberes de nuestro estado.

También es una prueba del amor que tenemos a Dios esa continua tensión que sentimos hacia Él, esos gemidos que exhala nuestra alma mientras lo busca.

Si sentimos arrepentimiento por el tiempo perdido, por los talentos desaprovechados y por la disipación de los bienes que su misericordia nos concedió, el remedio está en multiplicar las buenas obras, para compensar el bien que no hicimos.

Esta vida de amor a Dios tendrá altibajos, y el camino se nos hará más empinado angosto y duro en algunas etapas de nuestra vida, pero «el amor quiere ser probado», no buscado por los consuelos que nos proporciona.

Afirmaba que la manera más perfecta de amar al Señor es entregándole por completo nuestra voluntad, diciendo: «Aquí me tienes, soy todo tuyo, haz conmigo lo que más te agrade». Esta entrega absoluta e incondicional a la voluntad de Dios es un anticipo de los gozos del Paraíso.

Y no nos angustiemos, sintiendo de continuo descontento de nosotros mismos.

A Assunta Di Tommaso la exhortaba así: «Este estado no es un castigo, sino amor, y amor finísimo. Por eso, bendice al Señor y resígnate a beber el cáliz de Getsemaní».

Asimismo, son conmovedoras las palabras de aliento que dirige a María Gargani: «No temas porque te tiene clavada en la Cruz: te ama y te está dando fuerza para sostener el martirio insostenible, y amor para amar amargamente al Amor».

Junto a esta asociación al sufrimiento crístico, el Padre Pío también afirmaba que debíamos unir nuestras tribulaciones a las del Cuerpo Místico de Cristo, en el sentido de que no estamos solos en nuestro sufrimiento, ya que este es compartido por muchos cristianos: «Renueva tu fe en las verdades de la doctrina cristiana, especialmente en tiempos de conflicto; y renueva de una manera muy particular tu fe en las promesas de vida eterna que nuestro dulcísimo Jesús hace a aquellos que luchan enérgica y valientemente. Deberías sentirte alentado y consolado por el conocimiento de que no estamos solos en nuestros sufrimientos, ya que todos los seguidores del Nazareno dispersos por todo el mundo sufren de la misma manera y están expuestos como nosotros a las pruebas y tribulaciones de la vida».

Desde este punto de vista, podemos hablar de una «comunión de los sufrientes», igual que se habla de la «comunión de los santos». Es así como nuestro sufrimiento, asociado al de tantas otras víctimas de amor, y ligado estrechamente al de Cristo, asegura frutos de redención y salvación para las almas.

Mas esta victimación –sea pedida o no– no supone que las almas que están en el patíbulo de la aflicción no puedan pedir la liberación de sus tribulaciones, de igual manera que Jesús pidió que pasara la copa del dolor durante su agonía en Getsemaní, siempre que esta petición se haga desde la paz, desde la sumisión a la voluntad de Dios, sin rebeldía, sin protesta:

Ponte con frecuencia en la presencia de Dios y ofré-
cele todas tus acciones, no solo tus sufrimientos. No
me opongo a que, en los sufrimientos, te abstengas de
lamentarte; pero desearía que lo hicieras con el Señor,
con espíritu filial, como lo haría un tierno niño con
su madre. Y, con tal de que se haga amorosamente,
no está mal lamentarse ni pedir ser liberado de los
sufrimientos: hazlo con amor y con resignación en
los brazos de la voluntad de Dios. No te inquietes si
no consigues hacer los actos de virtud como querrías;
porque, como te he dicho, no dejan de ser buenos y
gratos a la divina Majestad aunque estén realizados,
sin tu culpa, fríamente, pesadamente y casi a la fuerza
(3 de junio de 1917 a una destinataria desconocida,
Epistolario III, 918).

Como es natural, era frecuente que sus interlocutores
le confesaran el miedo que les daban las pruebas dolorosas, a lo que el Padre Pío respondía explicando que el
dolor nos acrisola en el amor: «Dios nos castiga porque
nos ama: pone a prueba nuestro amor y nuestra fidelidad para hacernos dignos de su amor y del Paraíso».
No condenaba las quejas de nuestra naturaleza ante
el fragor del sufrimiento, pero recomendaba hacerlas
dentro de un contexto positivo de fe, de confianza y
de resignación, bajo el sentido de que el dolor era la
respuesta de nuestra naturaleza humana al trabajo mis-
terioso de Dios en nuestra alma: «Te quejas porque las
mismas pruebas están constantemente regresando. Pero,

mira, ¿qué tienes que temer? ¿Tienes miedo de que el artesano divino quiera perfeccionar su obra maestra de esta manera? ¿Quieres salir de la mano de un magnífico artista como un mero boceto y nada más?» (carta del 1 de enero de 1921). «No dejes de lamentarte ante Jesús como te parezca y como te agrade; invócalo como quieras; pero cree lo que te asegura quien te habla en su nombre» (28 de junio de 1918, *Epistolario* III, 865).

A una penitente anónima le aconsejaba (*Epistolario* III, 920): «No me parece mal que te quejes en los sufrimientos, pero desearía que lo hicieras ante el Señor con un espíritu filial, como lo haría un niño pequeño con su madre. No está mal quejarse, con tal de que se haga amorosamente: da alivio. Hazlo con amor y resignación en los brazos de la voluntad de Dios».

Ese espíritu de prueba es también el que el Padre empleaba con sus devotos, a los que no dudaba en tratar con severidad si era necesario, «porque os amo, y quiero haceros progresar rápidamente», decía, aconsejando que uniéramos nuestros dolores a los que Jesús experimentó en la Pasión. A alguien que se quejaba de que estaba triste, le dijo: «La penitencia más agradable a Dios es el dolor por los propios pecados, el llevar la propia Cruz con dulce resignación».

«Del Calvario al Tabor» es una expresión que resume perfectamente la espiritualidad del Padre Pío: no es en la transfiguración, ya que nuestro revestirnos de las galas de la santidad se opera en el Gólgota, tiene lugar en el madero en el que Cristo nos ha redimido, y donde también tenemos que subir nosotros para cooperar con Cristo en su plan salvífico.

Es lo que el Padre Pío llamaba «las dos ascensiones»: «Una al Calvario, y otra al Paraíso. La del Calvario, si no con alegría, hagámosla al menos con santa resignación».

Tiempo y paciencia

Junto a estas recomendaciones, al lado de estas sugerencias basadas en principios espirituales de gran carga mística que pueden ayudarnos a sobrellevar las penalidades de los sufrimientos, el Padre Pío también recomendó a las almas bajo su custodia la práctica de un conjunto de virtudes que pueden contribuir a que el peso de la Cruz nos sea más leve. Unas virtudes que giran en torno a la paciencia –como no podía ser menos– y a la humildad.

La paciencia era para el Padre Pío una de las joyas de la vida espiritual, pues nos sirve para combatir uno de sus mayores peligros: la ansiedad, que lleva al devoto a querer asir la gracia divina a fuerza de puños, a querer conseguir de inmediato resultados en forma de deleites celestiales; aunque también está aquel aspecto de la ansiedad que nos lleva a exagerar nuestras faltas, víctimas de unos escrúpulos malsanos que colman de tensión nuestra vida interior:

La ansiedad es una de las mayores trampas que la virtud auténtica y la devoción vigorosa pueden encontrar: aparenta enfervorizarse en el bien obrar, pero no lo hace sino para enfriarse, y nos hace correr para que tropecemos, y por eso hay que estar alerta en todo momento, y de modo particular en la oración. Y para conseguirlo mejor, será bueno acordarse de que las gracias y los gustos de la oración no son aguas de esta tierra sino del cielo. Por eso, todos nuestros esfuerzos no bastan para conseguirlos, y, si es necesario prepararse con suma diligencia, ha de ser siempre con humildad y sosiego: hay que tener el corazón orientado hacia el cielo y esperar de allí el rocío celestial.

En cuanto a la paciencia, Cleonice Morcaldi cuenta que un día un sacerdote le preguntó si el Padre ejercitaba siempre la virtud de la paciencia. «Le respondí: "¿Le parece poco el soportar el fatigoso trabajo de cada día, sin un solo día de descanso?, ¿sufrir con tanto amor la pasión del Señor y la dirección de tantas almas?". Él mismo dijo un día: "Esto es lo que me resulta difícil: estudiar el carácter de cada uno y adaptarme a él". Jamás he visto un sacerdote con tantos dolores y con tanta paciencia. El sacerdote me respondió: "Tiene razón. El Padre Pío es un modelo en todo. Es santo, pero santo hay que hacerse"».

Un sacerdote exclamó: «¡El Padre Pío es el Job de nuestro siglo, paciente en soportar durante medio siglo la pasión de Jesús, paciente en su fatigoso trabajo de tantos años, sin un solo día de descanso!...».

Morcaldi, testigo fiel de gran parte de la vida del Santo, cuenta: «Pedí al Padre el remedio para mis muchas imperfecciones. Me dijo: "Tiempo y paciencia: paciencia con lo que Dios nos manda, paciencia con nosotros mismos, paciencia con el prójimo. Paciencia y padecer. El sufrimiento no es un castigo, sino un signo del amor de Dios para hacernos semejantes a su divino Hijo. Humíllate amorosamente ante Dios y ante los hombres, porque Dios habla a quien tiene las orejas bajas. Ama el silencio, porque el mucho hablar no está libre de culpa. Recuerda que todo se convierte en bien para los que aman sinceramente a Dios. Si David no hubiera pecado, no habría adquirido una humildad tan profunda, ni la Magdalena habría amado tan ardientemente a Jesús"».

La virtud de la paciencia –y de su derivada, la indiferencia– tiene su fundamento, su base, su eje, en la virtud de la confianza, sin duda la que más recomendaba el Padre Pío, junto con la caridad, para subir al monte Tabor.

En efecto, el alma que confía en Dios, que se abandona en sus manos, que le entrega su corazón y se somete enteramente a su Voluntad, accede mediante esta oblación a aguas tranquilas, a jardines perfumados, aunque esté en plena borrasca del espíritu, porque sabe que Dios descansa en su barca, y jamás permitirá su naufragio ni su extravío. El Padre Pío lo explicaba con estas palabras, mis favoritas, aquellas provenientes del Santo que más repito y más recuerdo: «Nada puede temer el alma que confía en el Señor y pone en él toda su esperanza»; ni las cruces, ni las tentaciones, ni los desiertos, ni las tormentas, ni las furias desencadenadas de los enemigos del alma:

Confía en Dios y espera en su bondad paternal, que la luz llegará. Eleva con gran fe tu mente a la patria celestial y a ella estén dirigidos todos nuestros afectos y todas nuestras aspiraciones. Admira a los que ya han alcanzado el cielo, que no llegaron allí por otro camino sino recorriendo el camino del dolor. Aquella es nuestra verdadera patria. ¿Qué importa que se llegue a ella solo por los escabrosos caminos de la tribulación y del sacrificio?

Lo que Dios quiere de ti es siempre justo y bueno. Sea eternamente bendito. Pongamos manos a la obra: en el cielo no tendremos otra tarea que la de cumplir la voluntad de Dios. Esforcémonos en bendecir al Señor por las humillaciones y por las ofensas de las que hemos sido hechos signo. Bendigámoslo en las tribulaciones de nuestro espíritu y en los desgarros del corazón, porque todo está ordenado por Dios con acertada previsión; y esto es lo que se va cumpliendo en ti de modo especial y por una particular predilección del Padre del cielo. Él sea bendito por siempre en todas nuestras miserias y en todos nuestros sufrimientos.

Bendícelo en todo lo que te haga sufrir aquí abajo y alégrate, porque a cada victoria que se consigue corresponde una nueva corona en el Paraíso. No te detengan ni te atemoricen las violencias que debemos hacernos, porque el Señor es fiel y no permitirá que la tentación pueda vencerte (15 de agosto de 1914, a Raffaelina Cerase, *Epistolario* II, 153).

«Ten fe en la Providencia: al igual que el pueblo de Israel cuando deambulaba por el desierto, solo es necesario abastecerse de maná por un día» (Éx 16,33).

La santa humildad

Uno de los más preciados frutos del sufrimiento es que nos hace humildes, de la misma manera que los pecados que cometemos nos proveen también de humildad. En efecto, el pecado, la noche, la tentación, la debilidad, la enfermedad y todo aquello que conforma nuestras cruces nos hacen comprender que nosotros no podemos hacer nada con nuestras solas fuerzas, sino que debemos recurrir a la ayuda divina para salir de los abismos a los que nos precipitan las contingencias de la vida cotidiana y la vida espiritual.

La humildad, como una de las más preciadas joyas entre las virtudes, trae de la mano un excelso conjunto de dones, que une como el hilo engarza las cuentas de un collar.

Y en esto como en tantas otras cosas, el Padre Pío constituyó un perfecto ejemplo de sencillez y humildad.

El Padre Pío fue muy claro sobre la naturaleza del ego. Reflexionando sobre la tendencia de muchos a referirse a sí mismos en la conversación, como cuando dicen «sí, lo hice», «creo que sí», y así sucesivamente, comentó: «¡Yo, yo, yo! ¡Siempre estoy en lugar de Dios!».

Un ejemplo claro de la humildad del Padre Pío era que pensaba que no era el único que tenía visiones celestiales, porque no se creía ningún santo, ni siquiera una persona dotada con carismas sobrenaturales. Cuando tenía experiencias sobrenaturales en su infancia, no se las contaba a nadie, ¡porque pensaba que todo el mundo las tenía! Esa convicción le acompañó también en su vida adulta, como se muestra en esta anécdota: el padre Agostino estaba en la habitación del Santo, cuando el Padre Pío preguntó: «¿No ves a la *Madonna?*». Ante la respuesta negativa de Agostino, el Padre Pío respondió: «¡Lo niegas por santa humildad!».

Un día le preguntó sobre lo que era la humildad, y el Padre Pío respondió: «La humildad es la verdad. ¿Quiénes somos nosotros y quién es Dios? El seráfico Padre pasaba noches enteras meditando esta frase: ¿Quién eres tú, Dios mío, y quién soy yo?».

La palabra «soberbia» le hacía temblar. Un día, mientras estaba en la sacristía con otra gente, un señor dijo: «¿Y qué le vamos a hacer, Padre?, somos semilla de soberbia». Inmediatamente, el Padre respondió: «Si no soy humilde, soberbio no quiero serlo».

Durante la guerra, un capitán americano llegó de Foggia para asistir a la Misa del Padre, y se puso de rodillas junto al altar. Antes de partir, quiso hablar con el Padre. Entre otras cosas, le preguntó qué pensaba del don de las llagas. El Padre, bajando la cabeza, respondió: «Que soy un pobre humillado».

Cuando llegaba el Superior General de la orden, salía a su encuentro con los demás frailes, pero se escondía de modo que nadie lograba verlo.

Un día, en confesión, Cleonice Morcaldi le dijo: «"Usted, Padre, es tan bueno, hágame...". No me dejó concluir la frase e inmediatamente dijo: "¿Yo bueno?: ¡Si tú supieras lo que soy yo, escaparías de aquí horrorizada!... ¡El peor de los delincuentes, comparado conmigo, es un hombre honrado!"». Y lo dijo con tal convicción, que Morcaldi no supo qué responder.

En las cartas, firmaba siempre así: «Vuestro humilde servidor...».

A mí me parece que el alma, cuanto más rica se ve, más motivos tiene para humillarse ante el Señor, porque los dones del Señor aumentan y ella no podrá nunca complacer plenamente al dador de todo bien. Y, además, tú en particular, ¿de qué te glorías? ¿Qué tienes que no hayas recibido? Y si todo lo que tienes lo has recibido, ¿de qué te glorías, casi como si fuera algo tuyo?

Oh, repítete a ti misma cuando el tentador quiera conseguir que te engrías: todo lo que en mí hay de bueno lo he recibido de Dios en préstamo; gloriarme de lo que no es mío sería una estupidez. Haz de este modo y no temas (carta del 30 de enero de 1915 a Raffaelina Cerase, *Epistolario* II, 321).

La santa humildad es uno de los motivos que explican los episodios de cierta brusquedad que protagonizaba el Santo, pues le llevaba a anatematizar cualquier muestra de veneración hacia su persona, molesto con los halagos y los elogios que se le profesaban. El Padre Pío también se veía obligado a recurrir a métodos expeditivos, más bruscos, para cortar esa poderosa corriente de exaltación de su persona. Todo aquel que le alababa por alguna gracia recibida se exponía a recibir un seguro reproche, en el que el Santo desviaba hacia Dios ese agradecimiento.

Al padre Pellegrino, frecuente testigo de su brusquedad con la gente que se le echaba encima para cortar pedazos de su cordón y de su hábito, le confesaba: «Estas personas ya me creen un Dios. Si no las trato así, el fanatismo llegará a un punto en el que ya no nos dejarán vivir».

En cierta ocasión, le manifestó al padre Guardián del convento los motivos para ser áspero con esas muestras de devoción hacia él: «Si no hago esto, la gente me comerá. Mira lo que hacen: el abrigo está cortado, el cinturón está cortado, reducido como la cola de un perro. ¡Pero esto es paganismo! ¡Estamos en pleno paganismo!».

El afecto mal planificado y exagerado que la gente mostraba hacia él, una veneración errónea y una estima que rayaba en el fanatismo fueron razones de gran sufrimiento para el Padre, que se vio obligado necesariamente no solo a rechazar, sino también a estigmatizar tales manifestaciones: «A veces –escribe el padre Pellegrino–, el Padre Pío se tomaba con humor el contraste de sus convicciones con las de los fieles: "Pero mira un poco –decía–, estos fanáticos insisten en creer que quien no entiende nada puede ser infalible e impecable. ¡Quiero ver si puedes encontrar una situación más divertida que esta!"».

Era tal la vigilancia del Padre Pío sobre todo lo que atentara contra la humildad que hubiera preferido la represión a la alabanza, convencido de que era demasiado estimado. El padre Pellegrino llegó incluso a afirmar que, considerándose el Padre una «tierra quemada», agradecía que le refrescase una lluvia de críticas y calumnias, que, durante sus dos persecuciones, utilizó para potenciar la virtud de la humildad[2].

Nadie podía imaginar el dolor y la preocupación que constantemente llevaba en su corazón por este culto hacia su persona.

Una noche, en el coro de la iglesia, el padre Pellegrino se colocó cerca del Santo para comprender los secretos de su oración. El Padre, creyéndose solo, lloró, y, frente a la imagen de Santa Maria delle Grazie, dijo: «Mi Señora, ayúdame. Me asaltan demasiadas personas devotas y demasiados halagos. No puedo soportarlo más. Ayúdame, *Madonna mia*».

De esta oración se desprende que el Padre Pío veía en la veneración hacia su persona una tentación contra la virtud de la humildad, hasta el punto de rogar ayuda a la Madre celestial con lágrimas en los ojos.

---

[2] M. IASENZANIRO, *«Il Padre». La missione di salvare anime. Testimonianze*, Edizioni Padre Pio da Pietrelcina, San Giovanni Rotondo 2004, 613-616.

Pero incluso cuando permaneció en silencio, ¡cuánto dolor sentía en su corazón por esta forma de comportamiento de las personas, especialmente en la iglesia, dado que el culto a su persona producía alborotos ocasionales dentro del templo!

Su hija espiritual Margherita Cassano, durante una confesión, le dijo al Padre que había criticado y reprendido a algunos que no respetaban la casa de Dios, hablando y teniendo una actitud poco devota. Y el Padre Pío respondió: «Hija mía, ¿qué debo decir, si veo a Jesús ofendido y lloro por el comportamiento de los cristianos?».

El Padre Pío era consciente de que la vanagloria era un formidable enemigo del que se valía el Maligno para desbaratar las obras de quien se ha entregado a la vida espiritual, y por ello estaba siempre alerta ante cualquiera de sus manifestaciones: «La autoestima es más maliciosa que el orgullo».

En una carta a un hijo espiritual del 30 de enero de 1915, el Padre Pío escribió:

Me dices que quieres pasar desapercibido porque tienes miedo de enorgullecerte. Yo mismo no puedo ver cómo una persona puede enorgullecerse a causa de los regalos. Me parece que cuanto más ricos nos veamos, más razones tenemos para humillarnos ante el Señor, porque sus dones aumentan, y nunca podremos pagar completamente al dador de todas las cosas buenas.

La mejor manera de ser humildes es tener presente que todos nuestros dones proceden de Dios, por lo cual es ridículo gloriarse de ellos. Si Dios retomara lo que nos dio, nos quedaríamos solo con nuestros harapos.

¿De qué tenemos que enorgullecernos en particular? ¿Qué tenemos que no hayamos recibido? Si lo hemos recibido todo, ¿por qué nos jactamos como si fuera nuestro? Cada vez que el tentador quiere que nos inflemos de orgullo, digámonos a nosotros mismos: «Todo lo que es bueno en mí lo he recibido de Dios prestado, y debería ser un tonto por presumir de lo que no es mío».

Esta misma idea palpita en esta parábola que contaba: «¿No lo ves? Es como si alguien te diera un hermoso reloj de oro para llevar a Milán a reparar, y durante el viaje lo sacaras y lo exhibieras como si fuera tuyo a los otros ocupantes del compartimento: ¿no serías un tipo muy tonto? O, si realmente quisieras quedártelo, ¿no serías muy malvado?».

Cleonice Morcaldi decía que el Padre Pío le enseñó a referir todo directamente a Dios. Cuando le decía que le quería mucho, porque veía en él a Jesús, el Santo le respondía: «También esto está bien; pero mira, lo que tú me das yo lo ofrezco inmediatamente al Señor. Por eso, trata de dárselo directamente. Jesús estaría más contento y tú tendrías más mérito».

El padre Antonio Durante de Monterosso, un fraile capuchino, también tuvo la oportunidad de observar cómo el Padre Pío leyó sus pensamientos en una ocasión. Un día, mientras caminaba con el Padre frente al convento, notó que el Padre era objeto de mucho cariño y devoción de la gente. Al ver esto, el padre Durante se dijo a sí mismo: «¿Cómo puede este hombre resistir la tentación de la vanidad, y sentirse satisfecho consigo mismo?». Acababa de terminar de decirse esto a sí mismo, cuando el Santo se volvió hacia él, sonrió, y le dijo suavemente: «¡Mira cuánta gloria se le está dando a Dios!».

Asociada a la virtud de la humildad, está el espíritu de pobreza. Cleonice Morcaldi contaba historias sobre el amor del Santo por la austeridad, que consideraba un tanto exagerado: «Un día, en el coro, lo vimos subirse a una silla para apagar las pocas luces de una lámpara que los frailes habían dejado encendidas. Quería que también nosotras observáramos, de algún modo, la regla franciscana. Cuando le dije que había tirado un pedazo de pan duro, me respondió: "¿Por qué no has hecho sopas?". En cierta ocasión en la que me había comprado un vestido nuevo, cuando me lo vio, dijo: "Podías haber remendado el que tenías". Tenía razón: en aquella ocasión fui un poco vanidosa».

Caridad, la joya de la corona

La espiritualidad cristiana es una aventura interior que tiene como camino el seguimiento de Cristo, imitando el divino modelo. Ahora bien, este camino, este itinerario, tiene como tres bifurcaciones: la vida sacramental, la vida interior y la práctica de las virtudes, tanto las que se refieren al ámbito interior, como las que se desarrollan en contacto con nuestros semejantes, de las cuales la más preminente es la caridad, la joya de las virtudes, el hilo que engasta las demás. En esta virtud, como en todas las demás, el Padre Pío era modélico:

Su amor era tierno y paternal, se conocía a sí mismo y amaba a Dios, amaba a su prójimo, como Jesús, dando su vida por Él; vio a Dios en su prójimo y trabajó para que su prójimo volviera a Dios.

Su caridad era integral: la mente siempre se volvía hacia Dios, la voluntad en sumisión continua y perfecta a la voluntad de Dios, el corazón mantenía subordinados todos los afectos al amor de Dios, las fuerzas al servicio de Dios y del prójimo. El amor transformó tanto su espíritu, ansioso por parecerse a Dios, por repetir en él el misterio de la Palabra: la Vida de Dios se hizo visible. Dios es amor y el amor es la perfección de Dios, esa es la santidad de Dios.

El Padre Pío, hecho hombre a imagen y semejanza de Dios, alcanzó su perfección en el amor. La perfección, que es en caridad, es el don de uno mismo. La esencia del don del yo es la firme voluntad de entregarse y, si es necesario, inmolarse por completo para Dios y para su gloria.

La caridad hacia el prójimo en el Padre Pío siempre fue la única caridad que abrazó a Dios, se amó a sí mismo y al prójimo, amado por el amor de Dios.

La santidad, y por lo tanto el amor, está en el don de uno mismo hasta la inmolación para la gloria de Dios y para la salvación de los hermano[3].

Como en todos los órdenes de su dirección espiritual, el Padre Pío alentaba la caridad en esta labor porque él la vivía en grado sumo: «Si fuera posible, en los santos, un destello de vanidad, esto ciertamente nunca aparecería en el Padre Pío. Lo que en cambio lo mejora y lo enciende todos los días es la dedicación a los demás, la pasión por los problemas concretos de los hombres. Trabajar por el bien de los vivos, especialmente de aquellos que sufren, es su única misión, y su altruismo surge naturalmente, porque al igual que para casi todos sus semejantes, el egoísmo crece y siempre crece. Su existencia es una renuncia a todo, incluso a la comida, solo lo suficiente como para mantenerse vivo; una renuncia, sin embargo, que no debe desanimarse ni castigarse, sino aceptarse felizmente y no hacerla pesar, por ejemplo, a nadie»[4].

Con su facultad de introspección, el Padre Pío no siempre concedía a sus hijos la gracia de ser un alma víctima, ya que se servía de su carisma de introspección

---

[3] P. GALEONE, *Padre Pío, Mio Padre*, Edizioni San Paolo, Cinisello Balsamo 2005, 21-24.

[4] La Stampa (9 de agosto de 1950).

de las almas para seleccionar a aquellas que tenían suficiente capacidad para llevar el peso de la Cruz redentora: «Bajo la Cruz se aprende a amar y yo no la doy a todos, sino solo a las almas que quiero más»[5].

Sin embargo, desde su vocación de Cirineo, el Padre Pío alentaba en sus hijos espirituales la llamada al sacrificio por los demás, misión sacrificial que adquiría con frecuencia las características de las almas víctimas, de manera que sus dirigidos cooperaban con el Santo en su vocación de víctima, siendo Cirineos para aliviar las cargas de quienes se dirigían al Padre Pío pidiendo misericordia.

En efecto, la filiación espiritual de las almas encomendadas al Santo se asentaba sobre la oración, sobre la liturgia y las prácticas devocionales, sobre una conducta virtuosa, pero en ella ocupaba un lugar central la caridad, la joya de las virtudes para el Padre Pío. Esta caridad no solo hay que entenderla como ejercicio de un ministerio entre los pobres, ya que es mucho más que practicar obras de beneficencia, hasta el punto de que el Padre Pío asociaba a sus hijos espirituales en su misión taumatúrgica, requiriendo con frecuencia de sus oraciones para interceder ante Dios, rogando misericordia para aliviar y sanar los padecimientos de las personas que se acercaban al Santo implorando alivio para sus tribulaciones. Margherita Cassano nos dice:

---

[5] L. VELARDI, *La croce sempre pronta*, Città Nuova, Roma 2002, 3.

Un caballero había venido a San Giovanni Rotondo para pedirle al Padre Pío una cura para su esposa con cáncer. El Santo preguntó sobre el caso, y el pobre esposo le dijo que su esposa había estado en manos de los médicos que, al no ver claramente la terapia a seguir, no estaban seguros de qué hacer. El Padre le instó a confiar en el Señor. Y, preocupado no solo por ese caso, sino por el grave problema de los tumores, agregó: «Oremos, para que el Señor ilumine a la ciencia, de lo contrario todos moriremos de cáncer».

Ese hombre, que tenía un pensamiento fijo sobre su familia y estaba ansioso por recibir una palabra tranquilizadora del Padre Pío, dijo: «Padre, quiero una gracia, porque tengo cinco hijos». El Padre, dándose cuenta de la profunda pena que sentía por ese dolor, aseguró: «Bueno, pediré a los hijos espirituales que se esfuercen en sus sacrificios, para que venga la gracia». Así, el Santo se volvió hacia quienes lo rodeaban, para obtener oración y penitencia... Y llegó la gracia...

Como reina de las virtudes en lo que se refiere a nuestra vida en el mundo, san Pío hacía un especial énfasis en la caridad:

Padre, trace un programa de vida para mi alma, le preguntaron en cierta ocasión. Ante este requerimiento, las instrucciones de vida que dio el Santo ponían un especial énfasis en la práctica de la caridad, de la bondad con el prójimo:

1. Lucha contra la aversión que sientes hacia el prójimo, ejercitándote en actos contrarios, y reza por aquellos hacia los cuales sientes repulsión.

2. No juzgues, si no quieres ser juzgado. Dios te medirá con la misma vara con que midas a los demás.

3. Sé afable: te lo recuerdo porque lo olvidas. Nunca nos pasamos de raya en esto, porque la afabilidad no perjudica nunca.

4. Devuelve siempre bien por mal.

5. Sé modesto: que en todos los actos de tu vida resplandezca la modestia.

6. Hay que tener un justo temor. Mientras se teme, no se peca: el temor es la salvaguardia. Si pierdes el temor, despreocupadamente incurres en pecado. El temor y el amor han de ir de la mano; son necesarios los dos, pero si ha de sobresalir uno, la preferencia corresponde al amor y no al temor.

Perdonad, y seréis perdonados

Dentro de la caridad, el Padre Pío destacaba la excelencia de la virtud del perdón, pues sin él es imposible ser caritativos.

El perdón es el mejor regalo que podemos dar o recibir, porque, si bien la esencia del regalo es recompensar un favor que hemos hecho o una buena conducta, el perdón tiene como destinatarios a aquellos que han actuado incorrectamente, y que, lejos de recibir un castigo o una medida punitiva, son recompensados por el amor implícito en el perdón.

Como sucede con todas las enseñanzas que transmitía para guiar a las almas, también en este tema del perdón el Padre Pío predica con el ejemplo, porque, a pesar de que fue víctima de persecuciones injustas, de rumores malintencionados y de calumnias que pretendían manchar su reputación como persona y como sacerdote, nunca mostró la más ligera señal de resentimiento, sino que siempre perdonó a sus acusadores –«Padre, perdónalos, porque no saben lo que hacen»–.

Un ejemplo de esto fue el caso de Giovanni Miscino, sacerdote diocesano quien, en compañía de otros sacerdotes, acudió al corrupto arzobispo de Manfredonia monseñor Gagliardi para acusar al Padre Pío de inmoral, asegurando que mantenía relaciones con sus hijas espirituales, que se quedaba con las limosnas conventuales, y que los religiosos hacían negocio, distribuyendo pedazos de hábito o de cordón o de camisas del Padre Pío, así como otros objetos personales del Padre Pío, incluso pañuelos manchados de sangre, para sacar dinero.

La situación llegó a tal límite, que el canónigo Miscio amenazó con dar a la imprenta un libro contra el Padre Pío donde desenmascaraba todas sus mentiras y corrupciones. Afirmaba haber pagado ya 5.000 liras al editor y que, si se retractaba y no lo publicaba, debía pagar otras 5.000 liras para rescindir el contrato. Michele Forgione, el hermano mayor del Padre Pío, acordó pagarle 3.000 liras para que Miscio suspendiera la publicación de ese supuesto libro. Cuando el asunto llegó a conocimiento de la policía, Miscio fue detenido por extorsionador, y se le condenó el 25 de noviembre de 1929 a un año y ocho meses de prisión, a pesar de que el Padre Pío intercedió por él, insistiendo ante su hermano para que retirara la demanda y no condenaran al sacerdote. Ante la negativa de Michele, el Padre intercedió por Miscio ante el mismo rey Vittorio Emanuele III, en carta del 14 de julio de 1932, para que fuera readmitido como profesor, pues después de la condena había perdido su puesto.

Cuando Miscio salió de la prisión, el Padre Pío le recibió y le abrazó, llegando a ser buenos amigos, ya que Miscio iba frecuentemente a visitar al Santo al convento.

Una situación parecida se dio con el episodio protagonizado por Elvira Serritelli, que tuvo lugar en 1960. Esta mujer tenía problemas psicológicos, y llegó a asegurar bajo juramento que durante 10 años –desde 1920 hasta 1930– había sido amante del Padre, llegando a tener varias relaciones a la semana.

Elvira había sucedido a Nina Campanile como responsable del grupo de hijas espirituales del Padre Pío, que se había formado ya en el mismo año de 1916, cuando el Santo apenas acababa de llegar a San Giovanni Rotondo.

Al ser sustituida en el año 1930 en el cargo por Cleonice Morcaldi, entró en una fase de perturbaciones psicológicas, ocasionadas por los celos, que le hicieron caer en delirios imaginativos.

Esta señora hizo las acusaciones al Visitador del Santo Oficio, monseñor Maccari, que buscaba a toda costa la condena del Santo, quien en su informe escribió: «En pocas palabras, según Elvira, desde el año 1922 hasta casi el 1930 el Padre Pío habría tenido relaciones íntimas, completas y prolongadas con ella, incluso varias veces a la semana; pero todo habría tenido lugar sin "malicia alguna" ni de una parte ni de la otra». Y va más lejos al escribir: «Por lo manifestado por Elvira, las "relacionas íntimas" del Padre Pío habrían continuado después del año 1930 con Cleonice Morcaldi».

Estas graves acusaciones, junto con la denuncia de que el Padre Pío se quedaba con fondos aportados por los fieles para la Casa Sollievo, fueron importantes para que se desatara contra el Santo la segunda persecución, pero, además, las inculpaciones por inmoralidad fueron decisivas para que el inicio del proceso de beatificación y canonización del Padre Pío se retrasara hasta octubre de 1982, cuando se demostró fehacientemente el desequilibrio psicológico de la señora Serritelli. De esta manera, el Proceso pudo abrirse en el santuario de Nuestra Señora de las Gracias de San Giovanni Rotondo el 20 de marzo de 1983.

Elías Cabodevila recoge, además, otro hecho gravísimo de calumnias contra el Padre Pío, expuesto en

Padre Pío de Pietrelcina, la biografía del Santo escrita por Luigi Peroni[6]:

Luigi Peroni informa de un hecho que, sin duda, merece el calificativo de repugnante y diabólico, que tuvo lugar en torno al año 1960. Se trata de un grupo de mujeres que, guiadas y pagadas por terceras personas, debían llevar a cabo, no en grupo sino cada una por su cuenta, un plan realmente siniestro: confesarse por algún tiempo con los sacerdotes capuchinos de San Giovanni Rotondo, hacerse pasar por personas piadosas y devotas para que su posterior declaración fuera creíble al confesor, para terminar manifestándole que el Padre Pío se había comportado moralmente mal con ellas, y de este modo desprestigiarlo ante sus propios hermanos de fraternidad y crearle nuevos enemigos. Una de estas repugnantes calumniadoras se acercó en diversas ocasiones al confesonario de un famoso profesor de derecho canónico de Roma, repitiéndole la falsa acusación y consiguiendo que cambiara radicalmente de opinión en relación al Padre Pío, que hasta entonces era de veneración y estima.

Para terminar, una breve referencia a un punto de una declaración jurada de María Grazia Massa, de San Giovanni Rotondo, hija espiritual del Padre Pío desde los primeros años de la llegada de este a aquella pobla-

---

[6] En http://www.san-pio.org/2013/03/asociado-la-pasion-de-cristo-por-los_3067.html.

ción. La emitió el 23 de agosto de 1977 y fue enviada a la Congregación de los Santos el 3 de marzo de 1980. María Grazia sabía lo que Elvira Serritelli había manifestado a monseñor Maccari en relación al Padre Pío, porque se lo había contado al detalle Marietta Serritelli, hermana de Elvira. Además, al ser llamada a declarar por el Visitador, este le había preguntado de forma brusca: «*¿Usted cree que Elvira y Ángela Serritelli son capaces de calumniar?*». En su declaración escribe: «Cuando en confesión le dije (al Padre Pío) todo lo que sabía de la negra calumnia, él me respondió: "Lo sé, lo sé, hija mía. Sé todo. Pero ¿qué me importa si han arrojado fango sobre mi pobre persona durante mi vida y, como consecuencia, después de mi muerte? A mí me basta con salvar almas y ciertas almas". Entonces comprendí que el venerado Padre, como otro Cristo, era correspondido con amarga ingratitud y con negras calumnias y que él lo aceptaba todo por la salvación de las almas. Me alejé del confesonario más serena y más convencida de la santidad del Padre».

Ante las palabras del Padre Pío: «Lo sé, lo sé, hija mía: sé todo», una pregunta: «¿Concedió el Señor al Padre Pío conocer con detalle, por medios no humanos, lo que sucedía a su alrededor, aumentando así sus sufrimientos y su asociación a la pasión de Cristo?».

Otro testimonio sobre la actitud del Padre Pío ante esta ominosa persecución contra su persona es el del Dr. Giuseppe Sala, médico cirujano y cardiólogo, dos veces alcalde de San Giovanni Rotondo:

Estaba en San Giovanni Rotondo en 1960, cuando monseñor Maccari vino como Visita Apostólica. No fui llamado por monseñor Maccari, pero estoy seguro de que el visitante ha sido parcial desde el principio. Estoy convencido de que solo cuestionó a algunas personas para alcanzar su objetivo. Monseñor Maccari configuró *a priori* al P. Pío como culpable. P. Pío aceptó todo con obediencia y humildad, mientras yo estaba enfadado y quería que reaccionara porque era justicia, pero dijo que reaccionar sería venganza y no justicia (*Summarium*, 741).

Que el Santo obedeciera sin quejas las calumnias no quiere decir que no sufriera ante las injusticias de las que era víctima, como lo refleja en su correspondencia, con frases muy expresivas: «No puedo soportarlo más», «padre Guardián, le pido permiso para orar a Dios para que me dé *la* bienvenida al Cielo» (*Resumen*, 295), «Jesús me llama de esta vida», «no sé dónde recostar mi cabeza».

Su legendaria y sobrehumana sumisión a sus perseguidores es una de sus virtudes más heroicas, uno de sus milagros más portentosos, pues con ella demostraba su aquilatada santidad, imitando a Cristo en su dolorosa Pasión.

El padre Rosario da Aliminusa, guardián del convento en esos años, declaró: «También debo dar testimonio de la obediencia del Padre Pío, quien siempre aceptó todas las disposiciones con docilidad perfecta:

nunca tuvo la menor queja, ni hacia los superiores de la orden ni hacia la Santa Sede».

Monseñor Mario Crovini, según una declaración autorizada de 1980, entre otras cosas, escribió:

> Varias veces, el P. Pío expresó su profundo dolor, no por las medidas en sí mismas que restringen su persona y su ministerio, pero por el impedimento y las dificultades que crearon en su ministerio espiritual en favor de tantas almas necesitadas (*Summarium* 1611)[7].

«El mal no se gana haciendo el mal, sino haciendo el bien, que tiene una fuerza sobrenatural».

Con frecuencia, el Padre Pío ponía el ejemplo de Jesús clavado en la Cruz por nuestros pecados cuando alguien tenía dificultades para perdonar. A una mujer que acababa de terminar su confesión, el Padre le preguntó si tenía algo más que decir. Ante la negativa de la penitente, el Padre Pío volvió a hacerle la misma pregunta, que obtuvo la misma respuesta negativa.

Entonces, le preguntó que qué tal se llevaba con su hermano, a lo cual la penitente replicó que su hermano no le hablaba, pero que «no es por mi culpa: ha sido malo conmigo, y se alejó de mí. No sé qué hacer». «Haz las paces con él», le conminó el Santo. «Pero Padre, ha sido él quien se ha comportado incorrectamente conmigo, no viceversa», alegó la penitente. El Padre

[7] D. Composta, en http://www.novaetvetera.it/articolo.php?id=48.

no tardó en responder a su excusa: «Y, ¿qué había hecho Jesús de malo para que le pusieran en la Cruz? ¿Acaso no murió él por tus pecados y por los pecados de otros?». El Padre Pío rehusó darle la absolución[8].

Otra penitente se quejaba al Padre Pío de que era continuamente humillada por la familia de su marido, con el que se acababa de casar. El Santo le dijo, en un tono lleno de gentileza: «Tienes el corazón lleno de odio por los parientes de tu marido: tienes razón para estar tan enfadada, pero, por amor de Dios, debes perdonar».

El Padre Pío enseñaba a los penitentes el camino para la paz interior. La razón por la cual endurecemos nuestros corazones contra aquellos que nos han ofendido es que nos defendemos a nosotros mismos deseándoles que el mal que hemos recibido recaiga sobre ellos. Es la vieja ley del «ojo por ojo, y diente por diente» [...]. El Padre Pío también enseña que la motivación del perdón es total y solamente el amor que damos a Dios, a quien hacemos verdaderamente el regalo humilde de experimentar sufrimiento, para impedir la venganza[9].

La mecánica normal cuando se recibe una ofensa consta de tres pasos: reacción-arrepentimiento-perdón. Sin embargo, el Padre Pío afirmaba que esta manera de proceder es inadmisible: «Si alguien hace algo equivo-

---

8 M. IASENZANIRO, *o.c.*, 189-190, tomado de Weeklyppio.it
9 *Ib*, 171.

cado, tienes que perdonarle en el mismo instante en el que lo está haciendo, sin reaccionar. El perdón después de la reacción es demasiado tarde».

A una mujer que le decía: «Padre, encuentro muy difícil saludar a la gente que no me gusta», el Padre Pío le respondió enseguida: «Eso hacen los paganos».

Sobre el perdón, hay un episodio bastante revelador que nos cuenta Mario Sanci:

En mi oficina de empleo, después de una acalorada discusión, un trabajador me dio una fuerte bofetada. Denuncié el hecho a la policía, que buscó al trabajador para arrestarlo, por lo cual no podía volver a su casa, ni siquiera para dormir. Era la Pascua de 1956. Después de muchas presiones de amigos, retiré la queja. Mucho tiempo después, fui a San Giovanni Rotondo para confesarme con el Padre Pío. Tan pronto como me arrodillé, el Padre me preguntó: «¿Beneficiaste a algún padre de familia?».

Mis pensamientos fueron inmediatamente a la denuncia retirada, y respondí: «Sí, padre, pero me costó una bofetada». Tan pronto como dije esto, el Padre Pío se inclinó hacia un lado, y puso su mano sobre su mejilla, como si esa bofetada la estuviera recibiendo en ese momento. Sentí vergüenza y me puse triste.

El Santo se levantó y comenzó: «¿Cuánto tiempo hace que no te confiesas?». Mi confesión siguió, y terminó con la absolución.

De vez en cuando medito sobre este episodio. Creo que el Padre quería mostrarme que, en realidad, realmente le di una bofetada a él cuando, mientras me jactaba de ser su hijo espiritual, no quería perdonar a los que me habían ofendido, pero debo agregar que desde ese día, cuando me pongo ante el Crucifijo, veo cuántas bofetadas y golpes de flagelo le di a Jesús con mis pecados. Esa lección fue saludable para mí[10].

4

La noche oscura del alma

La estrella polar

La piedra angular de la espiritualidad del Padre Pío era la vida de oración, y por ello es lógico que también lo sea de la espiritualidad que proponía en su labor de dirección de almas. La oración fue el centro, el eje de su espiritualidad y, por tanto, la estrella polar de su magisterio espiritual, fundamentado en los más sólidos cimientos de la tradición secular de la Iglesia: «Ora, ora al Señor conmigo, porque todo el mundo necesita oración. Y todos los días, especialmente cuando tu corazón sienta la soledad de la vida, reza. Ora al Señor, porque incluso Dios necesita de nuestras oraciones».

Como es casi preceptivo, todo director espiritual debe guiar en el camino de la oración al alma que se encomienda a su cuidado, y el Padre Pío –«el fraile que reza»– con frecuencia da consejos a sus hijos en su correspondencia sobre la necesidad de la oración y su metodología.

«Quien ora se salva; quien no ora, se condena», y «reza, ten fe y no te preocupes» son dos de esas típicas frases con las que el Santo explicaba con brevedad y concisión, pero con hondura manifiesta, las grandes verdades de la fe y la vida espiritual.

Esas dos frases sirven perfectamente para resumir los principios fundamentales que el Padre Pío transmitía a las almas que dirigía, pues es totalmente imposible ningún progreso espiritual sin una vida interior alimentada en la oración, a la cual dedicó gran parte de su magisterio, en el que hacía una llamada constante al contacto con Dios en la intimidad del alma y el corazón.

En sus admoniciones –contenidas en su correspondencia y en sus conversaciones más o menos informales con sus devotos–, el Padre Pío no cesaba de recomendar la práctica de la oración:

La meditación es como un espejo: nos ayuda a descubrir y corregir nuestros defectos.

La meditación, como una abeja incansable, transforma el polen de las flores en néctar de la vida.

Rezo constantemente.

Solo soy un pobre fraile que reza.

Quiero salvar almas mediante la oración continua.

Nunca me cansaré de rezarle a Jesús.

Todo lo que pidas en oración con fe, lo recibirás.

La oración debe ser persistente: la persistencia denota fe.

Las oraciones nunca serán desperdiciadas.

La única forma de obtener la salvación es a través de la oración.

La oración es la llave que abre el corazón de Dios.

Nuestro Señor desea que le pidamos para obtener gracias.

Busca, pregunta y llama para encontrar, recibir y que se te abra.

Aunque el Señor está en nosotros, él todavía quiere que pidamos lo que deseamos.

La oración es la mejor arma que poseemos.

Al orar, nuestro corazón necesita permanecer abierto hacia el cielo y esperar a que llegue el rocío celestial.

Quedarse humildemente en su presencia es una excelente señal de perfección.

Cuando estamos en presencia de Dios, seamos felices de quedarnos allí, sin preocuparnos por nada más.

Nunca te canses de orar. Esto es esencial.

La oración comunitaria es un arma poderosa en manos de la Iglesia y los fieles [...]. Si más almas se unen en oración, forman un poder formidable.

Para el Padre Pío, la causa de la crisis de fe que lleva a la indiferencia y a la apostasía era la anemia espiritual que causa la falta de oración: ese era el diagnóstico que él hacía de su tiempo, en la primera mitad del siglo pasado. La causa de esta poca vitalidad de la fe sigue siendo, ayer y hoy, la misma, y el Padre Pío lo advirtió claramente: la falta de oración:

«Hoy se vive sin fe, o con fe tibia», se ha perdido la ruta por no querer emplear un poquito de tiempo con Dios. El orar os provoca fastidio. Estáis muy apegados al mundo y ya no sentís necesidad de Dios. Lo imagináis lejos de vosotros, y por eso lo mantenéis arrinconado como si no existiese. Halláis solamente tiempo para vuestro mortal entretenimiento, el televisor, ofuscando siempre más y más vuestras mentes, contagiadas con tantas revueltas malsanas y pecaminosas.

¡Reavivad vuestra fe! La oración es el gran negocio de la salvación humana. El que ora se salva; el que no ora, se condena. La oración es nuestra mejor arma. Es la llave que abre el corazón de Dios.

No se consigue la salud espiritual sino con la oración; no se gana la batalla sino con la oración. Si todos los cristianos vivieran según su vocación, la tierra misma de destierro se tornaría en paraíso. Pero se vive como si Dios no existiese, y aquellos que conocen la existencia divina intentan huir de la mirada de Dios, a fin de ahorrarse preocupaciones en la justificación de su conducta extraviada.

La vida no consiste en placeres, es lucha contra las pasiones, contra Satanás.

Es la pérdida del tiempo pasado inútilmente en el pecado lo que gradualmente arrastra al infierno. Este es el primer problema: evitar la pérdida del tiempo. Despertemos, pues la dejadez lo destruye todo, realmente destruye todo.

Como en toda su concepción de la espiritualidad, la sencillez era su norte a la hora de establecer un método para la vida devocional, en la cual huía de complicaciones, de rebuscamientos alambicados. Decía que la oración no consiste en hablar mucho, en encontrar palabras inspiradas, sino en estar en la presencia de Dios para manifestarle nuestro amor, para dejarnos ver por Él.

El método que proponía era una variante de la «nube del no-saber» de san Juan de la Cruz, tan sencillo, que cualquiera puede practicarlo:

Practicad con perseverancia la meditación a pequeños pasos, hasta que tengáis piernas fuertes, o más bien alas. Tal como el huevo puesto en la colmena se transforma, a su debido tiempo, en una abeja, industriosa obrera de la miel.

¿No son muchos los cortesanos que van y vienen continuamente ante el Rey, no para hablarle o escucharle, sino simplemente para que los vea y los reconozca como sus verdaderos servidores? Esta manera de estar en la presencia de Dios, solo para manifestarle, con nuestra asiduidad, que somos sus siervos, es santísima, excelentísima, purísima y de extraordinaria perfección. [...] Si puedes hablar con el Señor, háblale, alábale, escúchale. Si, por sentirte principiante en los caminos del espíritu, no te atreves a hablarle, no te disgustes: entretente, a guisa de cortesano, en la cámara regia, y reveréncialo. Él, viéndote, agradecerá tu presencia, tu silencio, y otra vez te consolará, tomará tu mano, saldrá contigo a pasear por su jardín de oración. En el caso de que esto no acaeciese jamás, cosa imposible, pues el corazón de Padre tan amoroso no será capaz de dejar a su criatura en perpetua vacilación, conténtate. Nuestro deber, considerando el honor y la gracia que nos hace tolerándonos en su presencia, es seguirlo. De esta manera no te angustiarás por hablarle, pues, solamente el estar a su lado, es ya una gracia, aunque no satisfaga plenamente nuestros anhelos. Cuando, por tanto, te encuentres ante Dios en la oración, considera tu verdad, háblale si puedes, y si no, quédate allí, hazte ver y no te angusties.

En una carta a María Gargani, explicaba así sus recomendaciones sobre la forma de ejercitarse en la plegaria:

Primero prepara el tema de tu meditación. No necesitas un libro para eso. Toda verdad en nuestra religión puede ser tema de meditación. Por lo general, la vida, la Pasión y la Muerte de Jesús deben meditarse. Pídele a Dios la gracia de meditar bien, para que pueda ser fructífero, y encomiéndate a la ayuda de la Santa Virgen y a toda la corte celestial.

Medita bien y mantente alejada de cualquier distracción o tentación. Hecho eso, comienza la meditación repasando el tema en cada detalle. Después de eso hay que tomar resoluciones. Considera los defectos que son la causa de muchos defectos y pecados.

Decide trabajar en una virtud y solo detente cuando la hayas conquistado.

Finalmente, pídele a Dios las gracias y las ayudas para lo que sientas necesidad. Recomienda a Dios a todos los seres humanos, en general y en particular.

Ora por el restablecimiento del reino de Dios, la propagación de la fe, la exaltación y el triunfo de nuestra santa madre, la Iglesia.

Ora por los vivos y los muertos, los infieles y los herejes, y por la conversión de los pecadores.

Por último, examina brevemente cómo hiciste tu meditación y pide perdón si ha sido defectuosa.

Medita al menos dos veces al día, no menos de media hora cada vez. Preferiblemente en la mañana, para prepararse para la pelea, y en la noche, para purificar el alma de cualquier apego terrenal de lo que sucedió durante el día.

Entre los preceptos que daba a sus hijos espirituales estaba la recomendación –casi la obligación– de meditar diariamente sobre la Pasión del Señor: «Nunca dejes pasar un día sin meditar sobre la Pasión de Cristo».

No es de extrañar que la Pasión fuera el tema meditativo por excelencia del Santo, pues, además de su importancia intrínseca, el Padre Pío era un santo crucificado, que vivía la Pasión con una hondura e intensidad formidables. Decía: «Para imitar a Jesús debemos meditar diariamente en nuestro modelo». Y ese modelo nunca está sin la Cruz, la cima de su Pasión.

Como alma víctima subida al Calvario para corredimir a los hombres, el Padre Pío meditaba diariamente en la Pasión del Señor, en la cual su episodio preferido era la agonía de Jesús en el Huerto, sobre la cual escribió un pequeño tratado meditativo, uno de los tres que redactó. La noche oscura del alma es la misma que experimentó Jesús en el Huerto de Getsemaní, adonde nos llevan nuestras noches de tinieblas para que compartamos la agonía de Jesús, bebiendo su mismo Cáliz.

En 1916, Antonietta Pompilio le preguntó al Padre Pío cómo meditar. Comenzó a hablar sobre la agonía en Getsemaní, y luego entró en éxtasis. Durante aproximadamente una hora permaneció con los ojos cerrados, sin moverse. Luego volvió a su estado normal, y dijo: «Dios sea bendecido: continuemos».

La misma santa Teresa de Jesús decía que su manera predilecta de hacer oración era acompañar a Jesús en Getsemaní, porque, en medio de su sufrimiento solitario, Nuestro Señor jamás podría rechazar a nadie que quisiera consolarle en su tribulación.

Vittorina Ventrella testimoniaba: «En su enseñanza, el Padre Pío estaba particularmente interesado en la meditación. [...] Sugirió meditar sobre todo en la Pasión y la Muerte de Jesús, un misterio del valor salvífico del sufrimiento y del inmenso amor de Dios por los hombres».

Sabedor de que las almas devotas pueden sufrir tensión y ansiedad en sus prácticas devocionales, problemas que, al crispar las almas, disminuyen los frutos de la oración, el Padre Pío –en esto como en tantas otras cosas de su dirección espiritual– recomendaba la paciencia, la calma, la paz interior:

No te inquietes cuando no puedas meditar, no puedas comulgar o no puedas llegar a todas las prácticas de devoción. En esta situación, busca suplirlas de otro modo, manteniéndote unida a nuestro Señor con una voluntad amorosa, con las oraciones jaculatorias, con las comuniones espirituales (*Epistolario* III, 424).

Reza, espera y no te preocupes. La preocupación es inútil. Dios es misericordioso y escuchará tu oración... La oración es la mejor arma que tenemos; es la llave que abre el corazón de Dios. Debes hablarle a Jesús, no solo con tus labios sino con tu corazón. En realidad, en algunas ocasiones debes hablarle solo con el corazón...

Devocionario

Así como su dirección espiritual la ejerció fundamentalmente mediante una pedagogía directa, mediante la cual exponía sus enseñanzas de una manera breve y concisa, pero rotunda, esta concisión también la aplicó a algunas prácticas devocionales que recomendaba a sus dirigidos, donde el sentido práctico se aliaba con la eficacia.

Como no podía ser de otra manera, el Padre Pío puso en el centro de la vida espiritual la Santa Misa y la Eucaristía, recomendando la comunión diaria: «¡Por nada del mundo deje la comunión de cada día! Desprecie todas las dudas que le asalten sobre el particular. Yo me hago responsable de ellas. Le basta con obedecer, siguiendo el camino que le indique. Mientras no esté seguro de haber cometido una falta grave, no hay por qué renunciar a la comunión».

Desde su espiritualidad ortodoxa y tradicional, la oración mental y la contemplativa se aunaban en el Padre Pío con la práctica de las devociones más acrisoladas de la espiritualidad cristiana, perteneciente a la más pura Tradición y Magisterio de la Iglesia milenaria. Por ello, el Santo no perdía ocasión para recomendar el ejercicio de estas devociones, las cuales es preciso recuperar del casi abandono en el que se encuentran en la actualidad, arrinconadas frecuentemente en el desván de los trastos viejos debido a una mentalidad errónea que considera lo perteneciente al pasado como de menor valor frente a las «modernidades», calificando las devociones tradicionales como «beaterías», como baratijas trasnochadas inservibles para el creyente «moderno» de hoy.

En los años veinte había redactado con brevedad en una nota manuscrita el plan de vida que llevaba. Nada hace suponer que lo cambiara en el transcurso de los años. Desde luego, los carismas no le fueron concedidos por casualidad:

No menos de cuatro horas diarias de meditación, de ordinario sobre la vida de Nuestro Señor: nacimiento, Pasión y muerte.

Novenas: a la Madonna de Pompei, a san José, a san Miguel Arcángel, a san Antonio, al padre san Francisco, al Sacratísimo Corazón de Jesús, a santa Rita, a santa Teresa de Jesús. Cada día, no menos de cinco rosarios completos.

Su vida devocional, por tanto, pertenecía a la más pura Tradición de la Iglesia. Y esas devociones fueron las que le llevaron a la santidad, a él y a tantos otros santos que las practicaron, lo cual prueba su eterna validez, ayer, hoy y mañana. Justamente el abandono de esta espiritualidad enraizada en la oración es lo que ha abocado al sacerdocio y a los creyentes a una crisis tan catastrófica.

Mas la joya de la espiritualidad del Padre Pío –después de la santa Misa y de la confesión– fue el Rosario, hasta el punto de que el Padre Pío fue un Rosario viviente, el Santo del Rosario. Siempre lo llevaba encima, en la mano o enrollado en el brazo.

Una vez le oyeron decir: «Quisiera que los días tuvieran 48 horas para poder redoblar los rosarios». Llegaba a recitar hasta 34 rosarios diarios.

Confesaba que todos los dones y prodigios para las almas los obtenía a través del Santo Rosario: «En todo tiempo libre que tengáis, cuando hayáis terminado vuestros deberes cotidianos, deberíais poneros de rodillas y rezar el Rosario. Rezad el Rosario ante el Bendito Sacramento o ante un crucifijo»[1].

Lejos de ser unas piedades trasnochadas y rancias, afirmaba que ejercitarse en las devociones tradicionales de la Iglesia, además de hacernos progresar en el camino espiritual, es un modo de acceder al milagro, a la sanación del cuerpo, a la liberación del alma de sus cadenas y a la consolación del espíritu. Practicando estas devociones tradicionales, el Padre Pío accedió a las más altas

---

[1] En los libros anteriores que he escrito sobre el Santo ya he explicado en profundidad la enorme importancia que daba el Padre Pío al rezo del Rosario. A ellos remitimos al lector.

cimas de la santidad, y eso mismo hicieron todos los santos que la Iglesia ha dado en sus dos mil años de historia, prueba irrefutable de su gran valor santificador, de que nunca hay que arrinconarlas buscando modernizaciones y adaptaciones al mundo moderno, arrumbándolas en oscuros desvanes por considerarlas trasnochadas y apolilladas, fruto de épocas oscurantistas.

Y no solamente producen frutos de santidad, sino que son devociones también carismáticas, con propiedades taumatúrgicas.

Una devoción a la que le tenía una particular predilección era el culto al Sagrado Corazón de Jesús, hasta el punto de que le rezaba una novena diariamente, para pedir por las intenciones de los que se encomendaban a su intercesión. Una señora contaba:

Yo había tenido un embarazo normal en 1952, pero durante el nacimiento del niño ocurrieron algunos problemas. Mi hijo nació con ayuda, luego se me practicó una transfusión de sangre. Pero, debido a la emergencia, erraron el tipo de sangre que yo necesitaba. Las consecuencias fueron muy serias: fiebre alta, convulsiones y un encogimiento pulmonar, con otros problemas de salud. Incluso un sacerdote fue llamado para darme el santo viático, pero me lo tenía que dar con agua porque yo estaba en muy malas condiciones.

Cuando mis parientes llamaron al sacerdote, y yo me quedé sola, en ese momento, el Padre Pío se me apareció, mostrándome sus manos estigmatizadas, y me dijo: «¡Yo soy el Padre Pío!, ¡usted no se morirá! Rece conmigo un Padrenuestro, y en el futuro usted vendrá a San Giovanni Rotondo para encontrarse conmigo».

El resultado de esta aparición fue que yo, que iba a morirme algunos minutos antes, me puse de pie y me senté unos minutos después.

Cuando mis parientes regresaron a mi cuarto, me encontraron orando. Les invité a orar conmigo, y les conté mi visión. Rezamos, y mi salud mejoró. Todos los doctores comprendieron que había ocurrido un milagro.

Meses después fui a San Giovanni Rotondo para darle las gracias al Padre Pío. Al verle, me extendió su mano para besarla. Cuando lo hice, sentí su famoso perfume.

Después, me dijo: «Usted consiguió un milagro. Pero no tiene que darme las gracias a mí: el Sagrado Corazón de Jesús me envió a que la rescatara, porque usted se consagró a su Corazón y ha hecho los nueve primeros viernes de cada mes».

Otra devoción que recomendaba eran las jaculatorias, a las que el Padre Pío llamaba «flechas», término que no anda muy lejos de su verdadera etimología, ya que *jaccio* significa «lanzar». Son frases cortas, oraciones breves, espontáneas y fervorosas, «flechas que hieren el corazón de Dios», como las llamaba el Santo, quien afirmaba que tienen un poder especial para conmover la misericordia divina.

En un escrito de diciembre de 1914, el Padre Pío afirmó que no era una exageración afirmar que Dios está obligado a responder a estas oraciones. Según escribió: «Les insto a que renueven continuamente la intención correcta que tenían al principio y a que ocasionalmente reciten oraciones jaculatorias. Esas oraciones son como flechas que hieren el corazón de Dios y le obligan –y esta palabra no es exagerada en este caso–, le obligan, les digo, a concederles sus gracias y su ayuda en todo».

El Padre Pío también recomendaba vivamente –casi exigía– a sus dirigidos la práctica frecuente de la lectura espiritual, la *lectio divina*, que elevaba a la categoría de una verdadera devoción: «Si la lectura de libros santos tiene el poder de convertir hombres mundanos en personas espirituales, qué poderosa debería ser tal lectura al conducir hombres y mujeres espirituales a mejor perfección».

«Sigue con tu lectura espiritual, porque si es el alma la que habla a Dios en la meditación, en la lectura espiritual es Dios el que habla al alma por la correcta lectura de esos libros» (carta del 14 de diciembre de 1916).

Oficio de tinieblas

En la vida de oración son inevitables las inmersiones en las «noches oscuras», etapas de aridez, de sequedad, de desolación interior, donde el alma se paraliza ante un muro de silencio divino impenetrable, donde parece que Dios se oculta, privándonos de sus consuelos, ausencia que suscita en el orante dudas terribles sobre su camino de fe, creyendo que Dios le ha abandonado por sus pecados. Estas noches son el gran drama de la vida interior, cuando parece que nuestras oraciones chocan contra un impenetrable e inexpugnable muro de silencio y olvido.

El abismo de sufrimiento de estas etapas oscuras también lo experimentaron muchos santos, y en mucha mayor medida que los fieles que no estamos marcados por la aureola de la santidad, pues estas noches son proporcionales a las gracias y carismas que el Señor otorga a sus almas elegidas, con el añadido de que añade otro vector más al carisma de victimación que tanto se da en las vidas santas. Una parte sustancial de su dirección espiritual por correspondencia la dedicó el Padre Pío a consolar a sus dirigidos para que sobrellevaran las noches oscuras, tan habituales en el camino espiritual.

En este ámbito, como en tantos otros, el Santo también ejerció su papel de modelo y Cirineo, pues él mismo estaba con frecuencia envuelto en las tinieblas de la desolación interior. En estas etapas de devastadora oscuridad, junto a los sufrimientos corporales que le causaban las continuas enfermedades que arrastraba desde la infancia y los padecimientos dolorosos de los estigmas, se añadían los demoledores efectos de una noche oscura persistente, que le producían sufrimientos morales y espirituales:

No se trata de desesperanza –le decía en una carta a su confesor–, pero no lo entiendo. Es terrible. No sé cómo el Señor puede permitir todo esto. Me veo a disgusto en todo, y no sé si obro bien o mal. No se trata de escrúpulos, sino de que la incertidumbre de agradar al Señor o no me aplasta.

Las tinieblas se van intensificando cada vez más; las tempestades se suceden a las tempestades y en lo íntimo de mí mismo van haciendo un vacío cada vez más espantoso, que me hace morir de terror en cada instante. Dondequiera vago encuentro espinas, que todo me penetran.

La noche se va haciendo cada vez más profunda; la tempestad, cada vez más áspera; la lucha, cada vez más apremiante, y todo amenaza una inundación de la pobre nave de mi espíritu. Ningún consuelo baja a mi alma. Solo veo con claridad mi nulidad, de una parte; y de la otra la bondad y el tamaño de Dios. Veo a Dios en mí mismo y, lejos de satisfacer mi afán, mayor deseo siento.

Mis sufrimientos interiores crecen y crecen cada vez más sin el menor descanso. Así lo quiere el Señor, porque así desea ser amado por sus criaturas.

Su desesperación le llevaba a tener dudas sobre su salvación, hasta el punto de que un día le llegó a preguntar a Pietruccio, un ciego que hacía mucha vida en el convento: «Oye, Pietruccio, ¿tú crees que me salvaré?».

La clave de su noche oscura es que el Santo creía firmemente que no estaba respondiendo a las mercedes que Dios le había hecho, que no estaba cumpliendo bien su misión, pues pensaba que cualquier otra persona en su lugar habría hecho mucho más.

Con sus experiencias en esa tiniebla del alma, el Padre redactó un estudio, bajo el revelador título de *Breve tratado de la noche oscura del alma,* donde, a lo largo de 16 páginas escritas en el envés de sobres reutilizados, hace una descripción del itinerario del alma en su camino hacia Dios, de la vía purgativa por la que debe transitar para la consecución de la unión mística.

Esta obra la redactó durante su estancia en Pietrelcina, entre los años 1910 y 1916, durante la cual leyó con avidez a autores clásicos cristianos, entre ellos las obras de santa Teresa de Jesús y de san Juan de la Cruz, cuya espiritualidad se trasluce a lo largo de las páginas de su estudio.

Cuesta trabajo entender esta actitud aparentemente paranoica del Padre Pío, y por qué Dios le había arrojado a esa creencia en su inutilidad, pero la respuesta es bien sencilla, ya que lo que pretendía con esta tortura era mantenerle en la humildad. Este propósito oculto es la causa que provoca esas inexplicables etapas de tinieblas que sufrieron todos los santos.

La pedagogía divina que nos arroja en esos pozos de sequedad espiritual la explicaba el Padre Pío con estas breves palabras: «Para atraernos, Nuestro Señor nos regala un multitud de gracias que nosotros pensamos nos pueden llevar fácilmente al Cielo. Mas no sabemos que, para crecer, necesitamos del pan básico: la Cruz, la humillación, las pruebas y las negaciones». El sentido de la vía purgativa es, pues, introducirnos en el misterio de la Cruz, para conformarnos con Cristo, nuestro modelo.

Y el sello distintivo de la Cruz es la humillación, el aparente abandono divino, la soledad y el silencio del «siervo de Yavé» que es inmolado en el Calvario para que su sangre derramada produzca abundantes frutos salvíficos: «Siempre humíllense amorosamente ante Dios y ante los hombres. Porque Dios le habla a aquellos que son verdaderamente humildes de corazón, y los enriquece con grandes dones».

En su correspondencia con sus hijos espirituales trata este tema con frecuencia, ante las dudas y problemas que las noches oscuras planteaban a sus dirigidos, que necesitaban de su consejo y guía especialmente en esos momentos de desolación interior donde contemplamos el abismo de la desesperación.

Sus enseñanzas sobre las noches oscuras abundan en muchas de sus cartas, pero posiblemente es en la dirección espiritual de Cleonice Morcaldi donde adquieren mayor relieve. Autora de dos libros sobre el Santo[2], en ellos Cleonice explica sus vivencias de las tinieblas espirituales.

---

[2] C. MORCALDI, *Mi vida al lado de Padre Pío* y *Diario*. Puede descargarse en PDF el libro *En el descanso de Dios* en: http://www.pueblodemaria.com/CleoniceMorcaldi.EN_EL_DESCANSO_DE_DIOS.pdf.

Estas experiencias se recogen también en el libro *Cleonice Morcaldi, hija predilecta de Dios: en el descanso de Dios*[3]:

Cleonice vivía la experiencia de la aridez de espíritu: su ánimo sufría y gemía porque ya no sentía la cercanía de su amado Jesús, y temía haberlo ofendido de cualquier modo; se sentía sola y perdida. La lejanía del Padre, las graves calumnias y las incomprensiones coadyuvaban a postrarla profundamente. Se sentía golpeada por el peso del estado espiritual en el que se encontraba y, como siempre, recurría al Padre en busca de ayuda, el cual respondía con diligencia a sus cartas, sosteniéndola con sus preciosos consejos y reconfortándola con su inmutable afecto: «Estaba en una gran aridez de espíritu –no sentía a Jesús–. El Padre me escribió: "Hija mía: estás baja de ánimo. Jesús y la Virgen Madre te aman, ellos piensan en todos. No es verdad que tu corazón no ama... ¡Ama como nunca has amado!... Sé similar al fuego cubierto por las cenizas. Por ello, sé buena y ten serenidad, Jesús está contento contigo y te quiere mucho. La aridez es querida por Dios, porque el alma debe esforzarse dulcemente para seguir adelante con la voluntad"».

La carta que sigue era la enseñanza que pretendía reforzar el ánimo de Cleonice, que daba muestras evidentes de fatiga. El Padre Pío, conociendo profun-

---

[3] En https://aprenderly.com/doc/3314302/cleonice-morcaldi.en-el-descanso-de-dios.

damente el carácter de la hija, interviene a fin de que no se deje abrumar por el desconcierto, invitándola a creer que Jesús se ocultaba, pero su escondite no era abandono, no era falta de memoria, sino amor sufrido y compartido que la ayudaba a madurar sobre la vía del espíritu.

La estimuló a seguir adelante en la oscuridad, con el corazón apesadumbrado, aunque el sufrimiento no le permitiera ver la luz. La puso en guardia, para que no cayera en la trampa de sentirse cerca de Dios solo en los momentos en los que el Electo se hacía sentir deleitando las almas.

El Padre Pío con su afecto la tranquilizaba, tratando de hacerle entender que Jesús, en el momento en que no se hace sentir, está presente más que antes, porque así se hace un todo con el alma: «Alma del querido Dios: Jesús sea siempre tu todo y te consuele en las horas tristes, te haga siempre más digna de sus divinos abrazos. ¿Qué decirte de tu estado actual, del estado que atraviesa tu espíritu? No veo de qué preocuparse, ya que es el Amor que desea glorificarse, deleitarse en el jardín de Getsemaní. Este jardín es tu corazón que sufre, se aflige, con gemidos inenarrables a su Dios, su Dilecto, creyéndole ausente, pero sabiendo que Él está en el centro de tu corazón que contigo gime, agoniza, contigo reza...

Por lo tanto, coraje y adelante. Jesús se deleita con tu estado; tú busca de deleitarte en él, bebiendo el cáliz de la Pasión. Reconfórtate con el pensamiento de que

no estás sola y de que después del Getsemaní verás
el Tabor. Combate fuerte y con sentida generosidad
y recibirás el premio de Dios prometido y preparado
para todas las almas generosamente fuertes. Te dejo
en la paz y con la paz de Jesús, te bendigo con siempre
creciente afecto».

Mas Cleonice continuaba sufriendo por la aridez de
espíritu y se lamentaba:

—¡Padre, no tengo ya corazón! ¡Estoy fría!

—¡Qué importa! Tu corazón se lo has dado a Jesús,
lo tengo yo, lo he estado trabajando para dárselo a
Jesús en modo perfecto.

—Padre, Jesús no me hace sentir su amor, lo sufro...

—Es bello amar sin sentirse amado.

—Padre, sin corazón, ¿cómo puedo amar a Jesús?

—¡Existen la inteligencia y la voluntad! Quédate
contenta, ¡ama a Jesús con mi corazón!

—Padre, en este día siento una soledad pavorosa.

—¿No te basta con la compañía de Jesús y la mía?

—Pero por supuesto que la siento...

—Pero sabes que te amo tanto en el Señor, y que
tal predilección no se volverá menos. La patria celeste
es gloriosa... pero el exilio es doloroso. Jesús mantiene siempre sus promesas... Y después de la noche
tenebrosa sigue siempre la luz, aquella luz que es tan
radiante, cuanto más cantidad de sufrimiento le ofreces
a él.

Pruebas de fuego

Las insidias del Maligno se vencen siempre con la humildad del corazón, venía a recomendar el Santo para derrotar las desolaciones interiores. De hecho, el orgullo, que se nutre del amor propio es su método preferido para llevar las almas a la perdición:

Un día, con la sonrisa en los labios, nos dijo: «Os quiero llevar arriba pronto, pronto a fuerza de golpes».

¿Bromeaba? Sí, pero, bromeando, bromeando, decía la verdad. Los golpes eran las pruebas espirituales que, de acuerdo con Jesús, él nos daba. Eran pruebas de fuego. Puede hablar de ellas solo quien las ha soportado. Recuerdo una que no olvidaré jamás.

A la aparente indiferencia del Padre, que me helaba el corazón y me hacía pensar en alguna ofensa hecha a Dios, se añadía una obstinada aridez en la oración, un gran tedio por la vida, una tristeza mortal y no faltaban horribles tentaciones del Maligno. Cuando no pude soportarlo por más tiempo, al encontrarme con el Padre en el pasillo, le dije: «Pero ¿por qué me ha abandonado en este infierno?», y me eché a llorar.

El Padre sonrió y, con dulzura, me dijo: «¡Muy bien!, has pasado por el fuego sin quemarte, ¡has saltado un fuego sin caer en él! No estás en el infierno: el sol resplandece en tu alma; tú no lo ves: no debes verlo; esto es lo mejor para ti. La agitación no te ha dejado gustar la dulzura de la Cruz. No estás en el infierno.

Las tinieblas que tú veías, eran las tinieblas que rodean al Eterno Sol, que estaba en tu alma. ¡Ánimo, después te será concedido ver la belleza de su Rostro, la dulzura de sus ojos, y la felicidad de estar junto a Él para siempre!». Pasé del infierno al Paraíso.

La pedagogía del Santo sobre las noches oscuras también se explica con claridad en su correspondencia con Raffaelina Cerase. En una carta escrita el 19 de mayo de 1914, el Padre Pío le dice a este respecto:

Si este benevolentísimo Esposo de vuestra alma se oculta, lo hace no porque quiera vengarse de vuestra maldad, tal como pensáis, sino porque pone a prueba todavía más vuestra fidelidad y constancia y, además, os cura de algunas enfermedades que no son consideradas tales por los ojos carnales, es decir, aquellas enfermedades y culpas de las que ni siquiera el justo está inmune.

En efecto, dice la Escritura: «Siete veces cae el justo» (Prov 24,16). Creedme que, si no os viera tan afligidos, me alegraría menos, porque entendería que el Señor os quiere dar menos piedras preciosas... Expulsad, como tentaciones, las dudas que os asaltan... Expulsad también las dudas que afectan a vuestra forma de vida, es decir, que no escucháis los llamamientos divinos y que os resistís a las dulces invitaciones del Esposo. Todas esas cosas no proceden del buen espíritu sino del malo. Se trata de diabólicas artes que intentan apartaros de la perfección o, al menos, entorpecer el camino hacia ella. ¡No abatáis el ánimo! Cuando Jesús se manifieste, dadle gracias; si se oculta, dadle gracias: todas las cosas son delicadezas de su amor. Os deseo que entreguéis el espíritu con Jesús en la Cruz: «Todo está cumplido» (Jn 19,30) (*Epistolario* II, 88-89).

Esta enseñanza se trasluce también en esta carta dirigida a Anita Rodote, del 29 de enero de 1915 (*Epistolario* III, 48): «Mantén el buen ánimo; abandónate en el corazón divino de Jesús; y todas tus preocupaciones déjaselas a él. Colócate siempre en el último lugar del grupo de los que aman al Señor, teniendo a todos por mejores que tú. Sé verdaderamente humilde con los demás, porque Dios resiste a los soberbios y da la gracia a los humildes. Cuanto más crezcan las gracias y los favores de Jesús en tu alma, más debes humillarte, imitando siempre la humildad de nuestra Madre del cielo, la cual, en el instante en que llega a ser Madre de Dios, se declara sierva y esclava del mismísimo Dios. En las cosas prósperas y adversas que te sucedan, humíllate siempre bajo la mano poderosa de Dios, aceptando con humildad y paciencia, no solo aquellas cosas que son de tu agrado, sino también, y con humildad y paciencia, todas las tribulaciones que Él te mande para hacerte cada vez más grata a Él y más digna de la patria celestial».

En otra carta dirigida a esta misma hija espiritual, insiste en la necesidad de la humildad: «Toda tu vida se vaya gastando en la aceptación de la voluntad del Señor, en la oración, en el trabajo, en la humildad, en dar gracias al buen Dios. Si volvieras a sentir que la impaciencia se instala en ti, recurre inmediatamente a la oración; recuerda que estamos siempre en la presencia de Dios, al que debemos dar cuenta de cada una de nuestras acciones, buenas o malas. Sobre todo, dirige tu pensamiento a las humillaciones que el Hijo de Dios ha sufrido por nuestro amor. El pensamiento de los sufrimientos y de las humillaciones de Jesús quiero que sea el objeto ordinario de tus meditaciones. Si practicas esto, como estoy seguro que lo haces, en poco tiempo experimentarás sus frutos saludables. Una meditación así, bien hecha, te servirá de escudo para defenderte de la impaciencia, aunque el dulcísimo Jesús te mande trabajos, te ponga en alguna desolación, quiera hacer de ti un blanco de contradicción» (6 de febrero de 1915, *Epistolario* III, 54).

Aparte de la humildad, también recomendaba afrontar esas oscuras etapas de desolación con la virtud de la paciencia, como se muestra en esta carta dirigida a su hija espiritual Raffaelina Cerase, fechada el 14 de octubre de 1915 (*Epistolario* II, 514): «En los asaltos del enemigo, en la prueba de la vida, levantémonos y supliquemos al Señor que quite y aleje siempre de nosotros el reino del enemigo y que nos conceda la gracia de ser acogidos en su Reino cuando le plazca, y que le plazca muy pronto. No nos desviemos, en las horas de la prueba; por la constancia al obrar el bien, por la paciencia al combatir la buena batalla, venceremos la desfachatez de todos nuestros enemigos y, como dijo el maestro divino, con la paciencia salvaremos nuestras almas, ya que la "tribulación obra la paciencia, la paciencia genera la prueba y la prueba hace brotar la esperanza". Sigamos a Jesús por el camino del dolor: mantengamos siempre fija nuestra mirada en la Jerusalén celestial y superaremos felizmente todas las dificultades que obstaculizan nuestro viaje para llegar a ella».

Pero el verdadero objetivo de las noches oscuras, aparte de favorecer en nosotros el desarrollo de virtudes como la humildad, la paciencia y la esperanza, es el de asociarnos más íntimamente a la gran oscuridad y la espesa tiniebla que padeció Cristo desde su agonía en el Getsemaní hasta que entregó su espíritu en el Gólgota: es la noche que nos hace derramar sangre en nuestra agonía al lado de Jesús, la noche en la que las fuerzas adversas nos acosan rodeándonos de arideces y dudas, la noche en la que somos crucificados en el Calvario al lado de nuestro Amado Señor... Es la noche oscura que nos transforma en almas víctimas más puras, porque el sufrimiento que experimenta en su transcurso el alma que busca a Dios es indecible, y este dolor máximo es una perla preciosa en el plan redentor de Cristo, que utiliza la devastación de las tinieblas para salvar almas de la perdición.

Esta mística de la noche oscura la explicaba el Padre Pío en esta carta del 21 de julio de 1918:

Recibo la tuya, y lo he comprendido todo en su verdad, expresada con tanta exactitud y claridad. Puedes y debes estar tranquila en lo referente a esa duda que te preocupa y trastorna. Ya no es la Justicia, mi buena hija: es el Amor crucificado quien te crucifica y te quiere asociada a sus amarguísimas penas, sin más apoyo que el de las angustias de la desolación.

La justicia nada tiene que vengar en ti, pero sí en otros, y tú, víctima, debes por los hermanos aquello que falta todavía en la Pasión de Jesucristo. Esta es la verdad y solo la verdad. No te afanes buscando a Dios lejos de ti: está dentro de ti, contigo, en tus gemidos; mientras le buscas, Él está como una madre, que incita a su hija a que la busque mientras ella se queda detrás, y con sus manos le impide que llegue.

Desgraciadamente, comprendo las angustias de tu estado; se asemejan a las del infierno, pero no te preocupes, no te asustes. Además, no sé qué aconsejarte para aliviar tu martirio, porque el Omnipotente te quiere en holocausto. Solo te aconsejo que imites a Isaac en manos de Abrahán y que esperes contra toda esperanza. Los mártires no solo sufrieron, sino que murieron en el dolor y no encontraron a Dios más que en la muerte.

No temas de ningún modo las vejaciones de Satanás: nada podrá contra quien está sostenido de modo singular por la gracia vigilante del Padre celeste. Debe bastarte saber que en este furioso asedio tu alma no ofende a Dios y le da además la más hermosa prueba de su fidelidad, al mismo tiempo que va embelleciéndose a los ojos divinos. Esta es la verdad, y si dijera otra cosa no sería cierto. Guárdeme el Señor de caer en tamaño desatino. Quisiera también que durante la tempestad gritases siempre: «¡Señor, sálvame!», para que no te hagas acreedora al reproche: «Alma de poca fe, ¿por qué has dudado?». Déjate, pues, llevar, arrastrar y tragar por la tempestad, que en el fondo del mar encontrarás, como Jonás, que el Señor te salva.

Cuando me escribas, cuéntame también el sueño que tuviste. Te agradezco cuanto haces por mí ante el Altísimo. Y ahora, ¿qué diré, hija, de mí? Estoy siempre colgado en el duro patíbulo de la Cruz, sin ayuda y sin descanso. Mi alma va muriendo en su dolor, sin el consuelo de poder ver un día el rostro de Dios, que con tanta ansia se busca y nunca se encuentra.

¡Dios mío!, no soy capaz de decir otra cosa. La plenitud del dolor me mata y me hace perder el sentido. Ayúdame con tus plegarias ante el Señor, para que la prueba resulte agradable a Dios y sirva de rehabilitación a mi alma. Me encuentro levantado no sé cómo en el ara de la Cruz desde el día de la fiesta de los santos apóstoles, sin jamás descender ni por un instante. Anteriormente era interrumpido el suplicio algún instante, pero, desde aquel día hasta aquí, el sufrimiento es continuo, sin interrupción alguna. Y este penar va siempre en aumento. *¡Fiat!*

Caminando sobre las aguas

Además de su actitud de servir como Cirineo a las almas que dirigía, el Padre Pío dedicó una gran parte de sus enseñanzas a infundir calma y tranquilidad a sus dirigidos, que frecuentemente estaban sumidos en las borrascas del espíritu, asaeteados por tentaciones y peligros, asediados por las estratagemas del Maligno, atormentados por escrúpulos. Probablemente es en estas circunstancias donde más brilla su pedagogía de hacer comprender a las almas el sentido profundo de las tribulaciones, inevitables en todo camino espiritual.

En este sentido, es realmente memorable una carta que le dirigió a Antonietta Vona:

Para vivir continuamente en una vida devota, no te hace falta más que aceptar en tu espíritu algunas máximas excelentes y generosas.

La primera que yo deseo que tengas es esta de san Pablo: «Todo redunda en bien de los que aman a Dios». Y, por cierto, ya que Dios puede y sabe sacar el bien incluso del mal, ¿con quién hará esto sino con aquellos que, sin reserva alguna, se entregan a Él? Incluso los mismos pecados, de los que Dios, por su bondad, nos tiene alejados, son ordenados por su divina providencia al bien de los que le sirven. Si el santo rey David no hubiera pecado, nunca habría adquirido una humildad tan profunda; ni la Magdalena habría amado tan ardientemente a Jesús si él no le hubiera perdonado tantos pecados; y Jesús no habría podido perdonárselos si ella no los hubiera cometido.

Considera, mi queridísima hijita, esta gran obra de la misericordia divina: Él convierte nuestras miserias en favores y, con el veneno de nuestras iniquidades, realiza cambios saludables en nuestras almas. Dime, pues, ¿qué no hará con su gracia de nuestras aflicciones, nuestros sufrimientos y las persecuciones que nos angustian? Y, por eso, aunque te sucediera no sufrir aflicciones de ninguna clase, confía en que, si amas a Dios con todo tu corazón, todo se convertirá en bien; y, aunque no logres comprender por dónde vendrá este bien, ten la certeza de que llegará. Si Dios pone ante tus ojos el lodo de la ignominia, no es sino para devolverte una mirada más clara y para hacerte admirable ante sus ángeles, como un espectáculo digno y amable. Y si Dios te hace caer, es para conseguir en ti lo que realizó en san Pablo al hacerle caer del caballo.

Por tanto, que las caídas no te hagan perder el valor; anímate a una confianza renovada y a una humildad más profunda. Descorazonarse e impacientarse después de que se ha caído en el error es una estratagema del enemigo, es cederle las armas, es darse por vencido. Por tanto, no debes hacerlo, ya que la gracia del Señor está siempre atenta para socorrerte (carta del 15 de noviembre de 1917, a Antonietta Vona, *Epistolario* III, 822).

La clave para que las almas atribuladas recuperen la paz interior y el sosiego es la confianza, virtud cuya práctica constante recomendaba continuamente el Padre Pío: se trata de confiar en el Señor, de dejar en sus manos nuestros problemas, con la firme esperanza de que seremos socorridos y ayudados por su infinita misericordia: «¿Qué puede temer el alma que confía en el Señor, y pone en él toda su esperanza?», es una de mis frases preferidas del Santo.

Comprendo que nuestros enemigos son fuertes, muy fuertes; pero el alma que combate junto a Jesús, ¿cómo puede dudar de que alcanzará la victoria? ¡Oh!, ¿acaso no es nuestro Dios el más fuerte de todos? ¿Quién podrá oponerle resistencia? ¿Quién se opondrá a sus decretos, a sus deseos? ¿Acaso no ha prometido a todos que nadie será tentado por encima de sus fuerzas? ¿Acaso no es fiel al cumplir sus promesas? ¿Puede haber alguna alma que piense esto? Sí, existe una, ¿y quieres saber cuál es? Es la del estúpido, la del necio: «Dice el necio para sí: no hay Dios (el Dios verdadero)». E insensato, Raffaelina, es el hombre que peca de incredulidad, de falta de confianza.

Y tú más que nadie has tenido, no una, sino infinitas pruebas de esta promesa divina. Esas pruebas son tantas como las victorias sobre sus enemigos que cuenta tu alma. Sin la gracia divina, ¿habrías podido superar tantas crisis y tantas guerras, a las que ha sido sometido tu espíritu? Pues bien, abre cada vez más tu espíritu a las esperanzas divinas, confía más en la misericordia divina, único refugio del alma expuesta a las borrascas de un mar tempestuoso, humíllate ante la piedad de nuestro Dios, siempre pronto a acoger y ayudar al alma que, en la sinceridad de su corazón, confiesa ante Él su nulidad.

Jesús, siempre está allí, cerca de ti, animándote a librar con valentía la batalla; está allí para parar los golpes del enemigo, a fin de que no te alcancen. Si Dios te reserva los sufrimientos de su hijo y quiere hacerte experimentar tu debilidad, humíllate ante Él y no te desanimes. Dirígete a Él, incluso cuando caigas por debilidad, con plegarias de resignación y de esperanza. Agradécele los beneficios con que te enriquece… No pierdas el ánimo: si pensases cuánto le cuesta a Jesús una sola alma, no te lamentarías por ello. Y siempre recuerda: «CUANTO MÁS DURA SEA LA PRUEBA, MAYOR SERÁ LA BENDICIÓN» (carta del 13 de mayo de 1915, a Raffaelina Cerase, *Epistolario* II, 417).

5

El centinela

La vía purgativa

Como ya dijimos en un capítulo anterior, el Padre Pío no es en modo alguno un «santo moderno», como una vez lo definió san Juan Pablo II, sino más bien todo lo contrario, ya que su mentalidad, su espiritualidad y su vida más parecen propias de épocas pretéritas del cristianismo, por lo cual su figura sigue levantando ampollas en ciertos sectores de la Iglesia, que ven con cierta distancia –incluso disgusto– un santo que sangra por sus estigmas, que recita incansablemente el Rosario, de estricta moralidad, rezador de novenas y practicante de todas las devociones que el *aggiornamento* de la Iglesia asocia con beaterías un tanto trasnochadas, pues su espiritualidad firmemente enraizada en la Tradición choca con ciertos modernismos que afectan hoy a determinados sectores de la Iglesia.

Imbuido a la vez de una militancia radical en la condena de todo acto contrario a la Ley de Dios –por muy venial que pareciera a quien comete la transgresión–, y por una pedagogía de comprensión y compasión ante las debilidades humanas, el Padre Pío diseñó para sus devotos un itinerario espiritual en el cual les dictaba qué conductas debían practicar y qué comportamientos era necesario evitar, escudriñando la moralidad incluso de los actos más simples de la vida cotidiana, estableciendo unos valores, unos códigos y unas conductas que conforman todo un tratado de cómo debe comportarse un creyente en la vida de cada día para que pueda progresar en el camino espiritual.

Sin duda, las recomendaciones, las exigencias, los consejos del Santo chocarán bastante a la mentalidad moderna, que tiende a rechazar los imperativos categóricos de una espiritualidad tan ortodoxa, tan acendrada en su continua llamada a la perfección, pero... así era el Padre Pío, y pretender rebajar sus elevados niveles de exigencia sería desvirtuarlo.

La estricta observancia de rígidos códigos morales, de una ortodoxia llevada a sus límites de máxima austeridad y severidad, presidió todos los actos de su vida, por lo cual era un celoso defensor de la pureza de costumbres, de las conductas plenamente ajustadas a la moral tradicional proclamada por la Tradición y el Magisterio de la Iglesia. Por ello, exigía también radicalidad ética a sus hijos espirituales, y casi lo mismo a quien se acercaba a él, porque su dirección espiritual tenía como modelo precisamente el ejemplo que él daba en su vida diaria.

El resultado final es que la dirección espiritual del
 Santo, con tal acumulación de interdictos, prohibicio-

nes, controles y anatemas, llevaba a sus dirigidos por angostos y escarpados senderos de perfección, erizados de espinas y zarzas, de parajes pedregosos y barrancas ariscas, aunque su meta fuese la ascensión a la montaña de la perfección, de la santidad: al glorioso Tabor.

Y hay que tener siempre en cuenta que el Padre Pío tenía todo el derecho a exigir de sus devotos un nivel tan elevado de compromiso moral en sus conductas cotidianas, porque el Santo era el primero en ajustar toda su vida al paradigma evangélico, a la Tradición y al Magisterio de la Iglesia.

La severidad y la hosquedad que el Padre Pío mostraba en ocasiones en el trato con la gente no era en el fondo sino la expresión en sus maneras de la estricta ortodoxia por la que se regía su espiritualidad, que huía terminantemente de las componendas, de los apaños, de descafeinar vicios y pecados extirpando de muchos de ellos su carga maligna y su destino infernal. Por ello, luchó continuamente por abrir la conciencia de los que acudían a él mientras practicaban una moral laxa y permisiva, que ni siquiera llamaba «pecado» a muchas de las lacras pecaminosas de la conducta humana: gran lección para nuestros tiempos, instalados en un relativismo descarnado que ha destruido la moralidad cristiana aquilatada durante milenios, la cual ha dado cohesión a las sociedades, seguridad a los individuos, estabilidad a los grupos humanos y un camino de vida que lleva directamente a los ámbitos celestiales.

Desde una postura sumamente establecida en la ortodoxia, el Padre Pío anatematizó muchas de las características de la sociedad de su época, catalogando como pecado muchas de las conductas que a sus contemporáneos no les parecían pecaminosas. El Santo fue el centinela insomne presto siempre a denunciar las componendas, las justificaciones, las excusas, los principios relajados y las costumbres licenciosas con las que tanto se transigía.

Como es natural, esta ortodoxia también se reflejó en su dirección espiritual, exigiendo a sus dirigidos unas conductas intachables y modélicas, exhortándoles a ajustar su vida a las virtudes de la vida cristiana, en lo que sin duda es una de las mayores aportaciones del Padre Pío a la época actual, sumida en un marasmo de vicios, de perversiones y degeneraciones que constituyen una amenaza para el camino espiritual.

Esta ortodoxia tan exigente es una de las claves para entender la extrema severidad que regía su espiritualidad, las duras directrices que imponía a las almas, porque quería salvarlas de la perdición en un mundo corrompido, erizado de peligros, poblado de un sinnúmero de tentaciones mediante las cuales el Maligno quiere atraparnos en sus maléficas redes, tentaciones de las que es preciso huir antes de que nos embauquen con sus cantos de sirena, con sus pérfidas insinuaciones.

La estricta observancia de rígidos códigos morales, de una ortodoxia llevada a sus límites de máxima austeridad y severidad, presidió todos los actos de su vida, por lo cual era un celoso defensor de la pureza de costumbres, de las conductas plenamente ajustadas a la moral tradicional proclamada por la Tradición y el Magisterio de la Iglesia. Por ello, exigía también radicalidad ética a sus hijos espirituales, y casi lo mismo a quien se acercaba a él, porque su dirección espiritual tenía como modelo precisamente el ejemplo que él daba en su vida diaria.

En una carta del 16 de marzo de 1921, escribía lo que podemos considerar como la esencia de su misión de salvar almas: «El mundo está lleno de malicia, y ninguna prudencia de vigilancia es suficiente para evitar contaminarse. Solo huyendo de ella se puede vencer».

Era tal su oposición a un mundo entregado al pecado, que, guiado por este rechazo, dijo las siguientes palabras, de una increíble dureza: «Padre, te suplico, o pon fin rápidamente al mundo, o pon fin a los pecados que se cometen continuamente contra la adorable Persona de tu Hijo Unigénito».

Hablando de los pecados de la humanidad, el Padre Pío dijo: «Él (Jesús) ve toda la fealdad y la malicia de las criaturas al cometerlos. Sabe hasta qué punto estos pecados ofenden e indignan a la Majestad de Dios. Él ve todas las infamias, inmodestias, blasfemias que proceden de los labios de las criaturas acompañadas por la malicia de sus corazones, de esos corazones y esos labios que fueron creados para producir himnos de alabanza y bendición al Creador. Él ve los sacrilegios con los cuales los sacerdotes y fieles se contaminan, no preocupándose por esos sacramentos instituidos para nuestra salvación como medios necesarios para ello; ahora, en cambio, son una ocasión de pecado y condenación de almas».

El cuidado pastoral del Padre Pío era combatir el pecado, buscando la verdadera conversión del pecador y así velar por la salvación de su alma. Por eso decía: «Si el pobre mundo pudiera ver la belleza del alma sin pecado, todos los pecadores, todos los incrédulos se convertirían al instante». Y su estricta moral anclada en la más pura Tradición de la Iglesia se destila en esta frase: «Un día, la más leve transgresión de la ley de Dios será juzgada».

Su ortodoxia puritana era inmisericorde, denunciando las conductas pecaminosas incluso allí donde era más difícil ver pecado, rechazando atenuantes y componendas... gran lección para estos tiempos actuales, donde se ha instalado una mentalidad permisiva y relativista que minusvalora el pecado, convirtiendo conductas erróneas en «derechos», en «libertad de expresión».

Su admonición más directa sobre la necesidad de llevar una vida santa era recordar una verdad tremenda, que olvidamos con mucha frecuencia: «Recuerda siempre que Dios lo ve todo, y al final juzga».

Una de las prácticas de piedad que más recomendaba en el camino de la santidad era hacer examen de conciencia por las noches, con el fin de traer a la memoria nuestros pecados, y pedir perdón por ellos: «Antes de irte a dormir examina tu conciencia y dirige tus pensamientos a Dios».

Tentaciones: el crisol del alma

Su extrema severidad a la hora de exigir conductas intachables a sus devotos iba acompañada, sin embargo, de una pedagogía de humildad, paciencia, perseverancia y confianza que utilizaba para dirigir a las almas sufrientes sometidas a tentaciones, abrumadas por la conciencia del pecado, ayudándolas a aceptar ese dolor como señal de predilección divina, sufrimiento causado porque con frecuencia las caídas en el camino de la santidad pueden producir desesperanza, una excesiva culpabilidad que carcome la fe, una latente desesperación con la que el Tentador pretende alejarnos de Dios, anegándonos en un abismo de negatividad.

Ante la tentación, el Padre Pío dijo una vez: «El gran ángel Lucifer fue expulsado del cielo como resultado de un solo pensamiento pecaminoso deliberado».

Lo que hace pecaminoso un pensamiento es otorgarle nuestro consentimiento: «El pensamiento no hace el pecado, pero consentir en los pensamientos sí lo hace».

Con todo, afirmaba que las tentaciones tienen como objeto purificar el alma, que se puede acrisolar en ellas limpiándose de impurezas cuando consigue vencerlas: «La tentación es como el jabón: parece mancharte, pero en realidad limpia las cosas».

Entre las tentaciones, destacaba dos: «Las tentaciones contra la fe y la pureza son la mercancía que ofrece el enemigo».

149

La lucha contra las tentaciones es una señal de que nuestra voluntad no está en consonancia con el Tentador: «Cuando el enemigo ruge a tu alrededor, muestra que no está dentro de ti [...]. Si el diablo está montando alboroto, es una señal excelente. Lo que es aterrador es cuando él ha hecho las paces y concuerda con el alma de un hombre».

Ante esta situación, el Santo recomendaba –como siempre–, la calma, la paciencia, y una oración incansable: «En las pruebas, en las luchas, reza así: "Protégeme, Señor; dame fuerza, no permitas que me derroten mis enemigos, que me abatan y venzan; socórreme tú"».

Esta metodología de recomendar serenidad y paciencia ante las tentaciones y las caídas se expresa a la perfección en las siguientes palabras: «El espíritu de Dios es espíritu de paz, y hasta en las faltas más graves nos concede experimentar un arrepentimiento tranquilo, humilde, confiado, que depende precisamente de su misericordia. El espíritu del maligno, en cambio, excita, exaspera y nos hace experimentar, en el arrepentimiento mismo, una especie de ira contra nosotros mismos, siendo así que el primer acto de caridad debemos dirigirlo a nosotros mismos. Por tanto, si te turban algunos pensamientos, piensa que esta turbación no viene nunca de Dios, sino del diablo. Dios te regala la serenidad porque es espíritu de paz» (*AdFP*, 549).

Para alcanzar la paz del espíritu ante los asaltos del Maligno, el Padre recomendaba practicar la sana virtud de la indiferencia, que consiste en controlar las pasiones, los arrebatos, las emociones dañinas, que provienen del amor propio, el cual nos lleva al descontrol cuando nos vemos enfrentados a la adversidad, y nos sume en tristezas y tensiones espirituales. Para sujetar con firmes riendas este amor propio es necesario ejercitarse en la paciencia y la humildad, pues la tensión ante los problemas es fruto del excesivo amor propio, que se ve contrariado en sus propósitos. La terapia espiritual contra este estado de ánimo no consiste en luchar contra él a base de puños, sino más bien en no darle una importancia que refuerce su aparente tragedia, lo cual haría más fuerte las emociones negativas:

El amor propio no muere nunca antes que nosotros. Mientras vivimos en este bajo mundo, hay que sufrir de continuo sus asaltos sensibles y sus secretas actuaciones; nos baste la gracia de Dios para saber que no consentimos con voluntad deliberada. Esta virtud de la indiferencia es tan excelente que ni el hombre viejo —es decir, el hombre sometido al pecado—, ni la parte sensible, ni la naturaleza humana con sus facultades naturales han sido capaces nunca de conseguirla.

Ni el mismo Hijo de Dios —como hijo de Adán, aunque exento de pecado y de todas las apariencias de pecado— fue indiferente del todo en la parte sensible y en sus facultades naturales. También él manifestó a los apóstoles que su alma estaba llena de tristeza; también él buscaba consuelo; también él deseaba no morir; en una palabra, también él quiso experimentar todo lo que era efecto de la naturaleza humana. Quiso, sin embargo, practicar la indiferencia; y también nosotros, siguiendo su ejemplo, cuando nos lleguen las pruebas y tengamos que llevar la Cruz, hemos de procurar practicarla en el espíritu, en la parte superior, en las facultades poseídas por la gracia.

Ánimo, pues, mi queridísima hija. Vive totalmente en nuestro Señor y estate tranquila. Cuando te suceda que has quebrantado las exigencias de la indiferencia en cosas indiferentes, por súbitos arrebatos del amor propio y de nuestras pasiones, en cuanto te sea posible, postra tu corazón ante Jesús y dile con toda confianza y humildad: «Señor, misericordia, que soy débil». Después, levántate en paz y tranquilízate, y con santa indiferencia prosigue tus actividades.

Es necesario comportarse en esas situaciones como se comporta un violinista. Cuando el pobrecito advierte una nota desafinada, no rompe la cuerda o deja el violín, sino que enseguida acerca la oreja para descubrir la causa del fallo; y, después, con paciencia, según convenga, estira o afloja ligeramente la cuerda.

Pues bien, actúa tú del mismo modo. No te impacientes por los errores cometidos ni quieras romper la cuerda cuando adviertas algo irregular, sino sé paciente, humíllate ante Dios, estira o afloja dulcemente la cuerda de tu corazón ante el Músico celeste para que Él pueda poner a punto lo dañado (carta del 22 de noviembre de 1916 a María Gargani, *Epistolario* III, 258).

Las principales tentaciones que asaltan al alma son las que tienen como ámbito la fe y la pureza. Las tentaciones contra la fe tienen lugar durante las «noches oscuras», de las cuales son la causa primordial. En cuanto a la pureza, esta virtud virginal tenía para el Santo una importancia capital, ya que, como decía con rotundidad: «La lujuria es el camino más corto para ir al infierno».

Una vez más, san Pío es también un modelo perfecto para el entendimiento de una virtud, en este caso de la pureza, ya que todos cuantos conocieron al Padre Pío certificaron que poseía una pureza virginal perfecta, que les llevaba a considerarle un ángel.

Mas la pureza no solo hay que entenderla como la conservación de la virginidad o la castidad, ya que debe extenderse a todos los ámbitos de su vida, porque, como solía decir a los novicios: «Todo se reduce a la pureza», es decir, que para el Padre Pío la pureza consistía en la ausencia de pecado.

En este sentido, son asimismo numerosos los testigos que afirmaron que el Padre Pío nunca había cometido ningún pecado, ni siquiera venial, algo que declararon algunos de sus confesores.

Por ejemplo, monseñor George Pogany vivió cerca del convento desde 1940 hasta 1957. Ayudó al Padre Pío y a los frailes, confesando, diciendo Misa, llevando la comunión a la gente postrada en cama y haciendo de traductor. Se mudó a los Estados Unidos en 1957 y fue pastor en Irvington, Nueva Jersey, durante décadas. Reflexionando sobre su tiempo con el Padre Pío, monseñor Pogany declaró: «A veces hice de confesor del Padre Pío. No creo que haya cometido pecado, ni siquiera venial. No, no lo creo».

Lo mismo opinaba el padre Agostino, que fue director espiritual del Padre Pío y mantuvo contacto continuo con el Santo desde 1907 hasta 1967. Llevaba un diario en el que anotaba sus experiencias con el Padre Pío. En él escribió: «Puedo jurar que el Padre Pío ha mantenido su virginidad, y nunca cometió un pecado venial contra la virtud angelical. Un día me dijo: "Nunca he besado a una mujer, ni siquiera a mi madre"».

Una anécdota reveladora nos muestra la reserva que el Santo tenía en su trato con las mujeres, a las que trataba sin embargo con toda delicadeza:

Mientras el Padre Pío pasaba, una mujer gritó: «¡Padre, tócame! ¡Padre, tócame!». El Padre Pío siguió caminando, murmurando para sí mismo: «Nunca he tocado a una mujer en mi vida, ¡y no voy a comenzar ahora!».

Solía repetir con frecuencia: «Guarda celosamente tu pureza».

Mundo, demonio y carne

Otro ejemplo de su extrema severidad a la hora de dirigir a las almas que se le encomendaban era su férrea oposición a todo lo que fuera lo que suele llamarse «industria del entretenimiento», especialmente el cine y la televisión, a los que consideraba antros de perdición para las almas, por lo cual se los prohibía terminantemente a sus hijos espirituales, que solo podían tener una televisión si le pedían permiso previamente. Mary Pyle lo hizo, pero el Santo le denegó el permiso, igual que a tantas otras. Entre sus motivos para oponerse a la televisión, decía que era perniciosa para la oración y el diálogo en familia. Incluso llegó a decir que era un engendro satánico.

En cierta ocasión, hablando con un fraile del convento, comentó que el que inventó la refrigeración… –y hacía un gesto con el pulgar hacia arriba–, pero el que inventó la televisión… –y hacía un gesto con el pulgar hacia abajo–: podemos imaginar a qué lugar le enviaba.

Los frailes del convento se hicieron con un aparato a finales de los años 50, pero el Padre Pío jamás entró en la sala donde se exponía. Cuando se retransmitió el entierro de Pío XII, se quedó en la puerta unos breves minutos, y después se marchó.

Sobre las películas que consideraba indecentes, pasaba factura a todos los que habían colaborado para hacerla: «Aquellos que solo han clavado un clavo para hacer la película también son responsables: Dios les pedirá que paguen el precio».

Con respecto a los medios de comunicación que ya empezaban a ser masivos –cine y televisión–, aparte de que consideraba que podían introducir imágenes escandalosas dentro de la intimidad de los hogares, afirmaba que hacían perder un tiempo precioso, que se podía estar aprovechando en el perfeccionamiento espiritual.

En una carta del 4 de agosto de 1915, el Padre Pío escribía: «Manténgase alejado de las asambleas profanas, del entretenimiento corrupto, de toda compañía impía».

Su tenaz condena de los entretenimientos mundanos tenía como apoyatura espiritual que el Santo no toleraba la pérdida de tiempo, que se disipara la vida derrochándola en diversiones que, a la vez que robaban tiempo a las prácticas devocionales, presentaban con mucha frecuencia una amplia panoplia de tentaciones, constituyendo así un peligro para el alma.

El baile era uno de sus campos de batalla, llamando la atención sobre su aspecto tentador: «No condeno bailar como tal, pero creo que siempre existe el peligro del pecado». Desde estos esquemas tan extremadamente puritanos, el baile era un entretenimiento corrupto... incluso ir a la playa.

En cierta ocasión, una joven fue a ver al Padre Pío, y le pidió su bendición para la relación que quería entablar con un chico al que acababa de conocer.

—¿Dónde le conociste? –inquirió el Santo.

—En una playa –replicó la joven.

—Obra del Diablo –aseveró el Padre, se dio media vuelta, y se marchó.

156   Así era nuestro Santo.

Fumar también era un pecado, en especial en las mujeres. En cierta ocasión, el Padre Pío le pidió un cigarrillo a una mujer que fumaba, a lo cual esta no accedió, diciendo que no le gustaba ver debilidades en las personas que amaba. «Justamente eso es lo que me pasa también a mí», replicó el Santo: naturalmente, la mujer dejó de fumar.

Un vicio abominable a los ojos del Santo fue el chismorreo, que no soportaba en absoluto; un vicio que constituye un entretenimiento para el común de la gente, pero que él detestaba, hasta el punto de que por su causa rehusaba dar la absolución. Como se dice en el *Catecismo*, la maldad de este pecado consiste en que destruye la reputación y el honor de nuestro hermano, un derecho natural cuya destrucción hace la vida difícil o imposible. Además, el murmurar contra los demás constituye un acto mediante el cual emitimos un juicio, conducta contraria a la advertencia evangélica en la que se nos conmina a no juzgar a nadie, porque con esa misma medida se nos juzgará a nosotros. A este respecto, el Padre Pío decía que la maledicencia atenta contra la justicia y la caridad, y que solamente Dios puede juzgar, y no nosotros: «Incluso si vemos un delincuente, no podemos juzgarle: solamente Dios puede ver dentro del corazón de una persona, y ni siquiera podemos escandalizarnos por los errores de los otros. Si por desgracia somos forzados a emitir un juicio, hagámoslo caritativamente».

Durante una confesión, se lo explicaba con toda claridad a un penitente: «Cuando difundes rumores acerca de alguien, eso significa que tú no le amas, que le has sacado de tu corazón. Pero debes darte cuenta de que cuando sacas alguien de tu corazón, Jesús también te abandona, junto con ese hermano o hermana».

En cierta ocasión, le invitaron a bendecir una casa. Cuando llegó a la puerta de la cocina, dijo: «Hay serpientes aquí, yo no entro». A un sacerdote que iba allí con frecuencia le dijo que no fuera allí más, porque la gente de esa casa chismorreaba.

En estrecha asociación con el chismorreo está el pecado de la mentira, que el Santo no soportaba. En cierta ocasión, Probo Vaccarini le comunicó que a veces contaba unas pocas mentiras cuando estaba en compañía de alguien, con la intención de mantener a la gente feliz. El Padre le replicó: «¿Qué pasa? ¿Que te quieres ir al infierno bromeando?».

El Dr. Pierre Melillo dio el siguiente testimonio sobre el tema de las mentiras dichas para divertir, como formando parte de un chiste, lo cual parece que da derecho a exagerar tanto que se cae en la falsedad:

Una tarde, durante el recreo, le dije al Padre Pío algo que me había sucedido: «Exageré un poco para hacer un chiste más divertido». Como el Padre no estaba favor de esas exageraciones –que no eran sino mentiras disfrazadas–, le confesé que había dicho seguramente una mentira divertida, que realmente no era perjudicial. El Padre se puso serio, y tornó a decirme: «Un hombre entró en un bar para tomar una copa, y dejó su bicicleta fuera. Un amigo suyo, que le había estado siguiendo, también entró en el bar, y, para hacer un chiste, dijo que había visto a alguien montando en la bicicleta del hombre. Al oír aquella noticia, el amigo soltó un terrible juramento». Concluyendo la historia, el Santo me preguntó: «¿Quién era responsable de este pecado: el que hizo el juramento, o aquel que había contado una mentira divertida?».

La modestia: una Iglesia vacía es mejor que una Iglesia profanada

Como centinela insomne de la pureza, de la austeridad, de la sencillez y la humildad, el Padre Pío protagonizó una colosal batalla contra la inmodestia, una lucha sin cuartel contra las modas de la época que consideraba pecaminosas, mostrando una repulsa inmisericorde contra cualquier desviación, por mínima que fuera, del respeto debido a la presencia divina en los templos, pues para él esas desviaciones provocaban ocasiones de pecado. A la entrada de la iglesia donde confesaba había un cartel que advertía que no se admitiría la entrada de mujeres que no llevaran la falda ocho pulgadas por debajo de la rodilla, y también se prohibía el cambio de ropa solo para la confesión, y las medias transparentes. Incluso el Santo despedía a los hombres que iban con manga corta, y a los niños con pantalón corto: tremenda lección para los tiempos actuales, donde la casa de Dios es mancillada por modas malsanas que se exhiben impúdicamente en nuestros templos ante la indiferencia de fieles y sacerdotes.

Para mucha gente, estas normas sobre la modestia eran demasiado rigurosas. Sin embargo, según pasaba el tiempo, el Padre Pío se hizo todavía más estricto sobre este punto.

Un sacerdote, que estaba al tanto de las rígidas normas del Santo, le comentó que él no podía imponer un código tan severo de vestimenta en su parroquia, porque temía que sus feligreses se enfadaran y se marcharan. «Una Iglesia vacía es mejor que una Iglesia profanada», replicó el Padre Pío.

Como en otros ámbitos de la dimensión ética, los parámetros con arreglo a los cuales el Padre Pío juzgaba la modestia o inmodestia en el vestir eran sumamente estrictos, tan severos, que, si sus puntos de vista causaban cierto estupor entre sus contemporáneos por su extremismo exacerbado, mucho más pasmo crean en una época marcada por el relativismo, que ha creado una moral laxa y acomodaticia, la cual ha arrasado la solidez de los antiguos principios, de valores éticos acrisolados en milenios, no solo de la Iglesia, sino de la civilización occidental en su conjunto.

Y como su dirección se basaba antes que nada en el ejemplo, esta anécdota nos puede dar una idea de hasta qué extremos llegaba la modestia de nuestro Santo, que se imponía conductas de una extremada austeridad que él nunca pedía a los demás, dado su extremo rigor, no practicables ni siquiera por las almas selectas que dirigía: una calurosísima noche de verano, el Padre Pío estaba sentado en su cama, con la ventana abierta, intentando respirar un poco de aire en medio del bochorno estival. Debido al fuego interior que sentía desde la transverberación, la sensación de calor se le aumentaba más todavía. El padre D'Apolito, que se encontraba con él en su celda, le remangó un poco las mangas del hábito de lana con el que siempre dormía, y le abrió ligeramente la camisa. El Santo se dejó hacer pero, nada más el padre D'Apolito se dio la vuelta, volvió a bajarse las mangas y a cerrarse la camisa. La noche siguiente sucedió exactamente lo mismo, y entonces D'Apolito le dijo: «¡Eh, Padre, me parece un poco exagerado! ¡Somos usted y yo, no hay nadie más!». Su respuesta fue seca: «¿Sabes que nunca he pecado contra la modestia, y quieres que peque en la vejez?». El asombro del fraile no tenía límites...

Si partimos del extremado conservadurismo del Santo, no ha de resultar extraño que desde su acendrada ortodoxia impusiera a sus hijos espirituales –a sus hijas, se entiende– unas normas tan severamente puritanas. Esta actitud no emanaba de un carácter tiránico o despótico, que se complacía en imponer pesadas cargas sobre las almas dirigidas por él para demostrar su poder y autoridad con ese férreo control de las conductas en cuanto a la vestimenta, ya que esta intromisión en el aspecto personal para ajustar a sus directrices el arreglo personal hay que entenderla en el marco de la vigilancia sin cuartel que ejercía sobre todos los aspectos de la vida diaria susceptibles de causar pecado, a uno mismo y a los demás.

Desde luego, no tenía nada contra el cuidado de la apariencia, contra el arreglo personal, que él consideraba que tenía que proporcionar orden, limpieza y dignidad a la manera de vestir de sus hijos espirituales, a los cuales había reclutado para combatir una batalla total contra la inmodestia en el vestir, si querían que les ayudara en sus problemas.

Sus recomendaciones –por no llamar las exigencias– no iban tanto por la búsqueda de la pobreza y la austeridad en el vestir, ya que él decía que un aspecto importante de la indumentaria es que esta debía ajustarse a nuestra posición personal. Por ejemplo, a Renzo Bertani, que era uno de los directores de la Casa Sollievo della Sofferenza, además de miembro de la Tercera Orden Franciscana, dado que tenía que dar una imagen correcta de la Casa Sollievo, le recomendaba que usara ropas de una calidad y presentación adecuadas al puesto que desempeñaba.

Un testimonio claro en este sentido es el de Rina Giostrelli, mujer del conde Telfener, uno de los colaboradores en la construcción de la Casa Sollievo della Sofferenza. Como durante la guerra había habido restricciones en la cantidad de lana y de hilo para hacer calcetines, la gente había optado por deshacer cordones, y con ese hilo resultante se confeccionaban zapatillas y pequeños zapatos.

Cuando un día el Padre vio que la condesa llevaba estas cosas en sus pies, le dijo: «Debes estar vestida de una manera digna: tienes que hacerlo así porque se lo debes a tu marido. Si yo llevase un hábito rasgado, no daría una buena impresión a san Francisco».

En cierta ocasión, una joven vestida de manera desaliñada fue a lamentarse al Padre Pío porque no encontraba marido. Al ver su aspecto tan miserable, el Padre Pío salió corriendo, a la vez que musitaba: «Pero, hija mía, ¡arréglate un poco!».

Sin embargo, cuando el arreglo personal se desviaba de los parámetros del sentido común, y caía en exageraciones, el Padre Pío no tardaba en llamar la atención. La misma Rina Giostrelli contaba lo siguiente: «La primera vez que fui a san Giovanni, llevaba un sombrero vistoso. Cuando el Padre lo vio por primera vez, me miró con una sonrisa irónica. Esto sucedió otras dos veces; entonces, viendo que yo no había entendido, un día me dijo: "¿Pero tú crees que estás más hermosa con esa cosa en tu cabeza?". Por supuesto, nunca más volví a llevarlo».

Sin embargo, de este episodio no hay que extraer una oposición frontal del Padre Pío a esa manera de arreglarse un poco más ostentosa, sino que la indumentaria y el aspecto debían estar en consonancia con el ambiente: ese sombrero sería adecuado para ir al teatro, pero no para andar por el convento ni para estar en una iglesia.

Pero no siempre era tan comprensivo, esbozando sonrisas irónicas, ni modales suaves. En cierta ocasión, vino al confesionario una penitente llevando un sombrero con una gran pluma. Al verla, el Padre Pío le dijo: «Anda, ve y confiésate con el Diablo». No sabemos de cierto si el Padre había leído más cosas en su alma: probablemente sí lo hizo.

El pecado de la inmodestia es grave porque puede ser motivo de escándalo, y este, según se afirma en el *Catecismo,* es una actitud o conducta que lleva a otras personas a hacer el mal. Es indiferente que la persona que incurre en el escándalo no tenga malas intenciones, pues lo que cuenta es el efecto que consigue con su conducta en los demás, favoreciendo el pecado, con lo cual el escándalo despliega una tentación malsana que lleva a la perdición al que es testigo de ella.

Posiblemente el reproche más tremendo que el Padre Pío hizo sobre este tema es el que le hizo a la esposa de un cónsul, cuando, al serle presentada por fray Carmelo, el Santo vio que llevaba sus brazos desnudos: «Yo debería cortar sus brazos, y así sufriría mucho menos de lo que sufrirá en el purgatorio». Tremendo comentario, muy difícilmente digerible por las mujeres actuales. Pero así era nuestro Santo.

Y en otra ocasión dijo también estas terribles palabras: «Las pieles desnudas arderán». Tremendo...

En su estricto código sobre la vestimenta de las mujeres no cedió nunca ni un ápice, estaba siempre vigilante y alerta ante la más mínima señal de lo que él consideraba indecencia, que también afectaba a sus hijas espirituales. Lucieta Pennelli cuenta:

Un día fui a la iglesia con un vestido nuevo que era ligeramente escotado, no porque hubiera sido hecho así por la modista, sino porque había habido un error en el corte.

El Padre Pío me vio en la iglesia y me preguntó:

—¿Quién te hizo ese vestido?

—Grazieta Cascavilla –respondí. Ella también era hija espiritual del Padre.

—No te lo pongas más –dijo el Padre.

Yo no deseaba tirarlo, así que tuve la idea de cubrir el escote con una bufanda. El domingo fui a la misa del Padre Pío, y me dio la comunión; pero, una vez estuve fuera de la iglesia, una profesora de San Severo –Giulia de Julio– me dijo: «Esta mañana, mientras el Padre Pío te daba la Sagrada Forma, te miraba insistentemente».

Lo entendí. Unos pocos días más tarde fui a confesarme. Tan pronto como abrió la rejilla del confesionario, el Padre Pío dijo:

—¿Crees realmente que puedes engañarme?

—¿Qué quiere decir? –respondí.

—Los arcoíris envueltos alrededor de tu cuello no tapan nada, te dije que no te pusieras el vestido otra vez.

—Pero, Padre, ¿cómo voy a tirarlo? ¡Es nuevo!

—Está bien, el parche ha terminado: añade una pieza extra –concluyó.

Si cualquier momento era adecuado para que el Santo recordara a la gente la modestia en la manera de vestir, el mejor momento era sin duda el confesionario: era completamente inútil intentar escapar a su ojo vigilante.

«Payasa» era uno de los calificativos más utilizados por el Padre para referirse a aquellas mujeres que cambiaban su manera normal de vestir por una más modesta, solamente para estar cerca de él.

La siguiente historia es sumamente reveladora de la estricta moralidad del Padre Pío en cuanto a las modas: «Una vez, yendo a la antigua sacristía antes de las diez, me encontré a Tina, la más joven de las mujeres piadosas, que lloraba desconsoladamente. Me acerqué y le pregunté: "¿Qué te pasó?". Estaba pensando en que le había ocurrido alguna desgracia, o que se sentía mal. Se demoró en responder, luego finalmente se decidió, y casi avergonzada dijo: "El Padre me despidió sin absolución". Pensé para mí mismo: "¿Y estos son los privilegiados?". Cuando se calmó, le pregunté: "¿Por qué?". "Me dijo que llevaba las mangas del vestido demasiado cortas", respondió Tina. Yo le comenté entonces: "¡Cortas para un santo y para un padre que quiere mantener intacta la modestia de una hija!". La lección sirvió. Después de eso, a pesar de ser joven, rica y vanidosa, las mangas del vestido eran las de una novicia: no sé si lo hizo por amor, por convicción o por miedo a ser cazada en otro momento».

 Algo similar le sucedió a la condesa de Telfener, otra de las mujeres piadosas. Ella no lloró, pero estaba resentida con el Padre: «¡No me dio la absolución porque dijo que siempre digo mentiras y no me corrijo!». Como a la condesa le gustaba llevar sombreros ostentosos, un día el Padre Pío le dijo: «¡Qué!, ¿con eso en la cabeza te sientes mejor?». Ante aquel comentario, jamás volvió a hacerlo.

Estas eran las exigencias del Padre para quienes estaban cerca de él y querían seguir un cierto camino de perfección: evitar incluso los pecados veniales voluntarios y comprometerse a corregirse a sí mismos. Cuando faltaba la buena voluntad, la puerta del confesionario se cerraba para todos.

Sin embargo, aunque los esquemas morales el Padre Pío eran sumamente severos, cuando el Espíritu le hacía ver que era necesario para salvar un alma o para ayudarla, era capaz de saltarse su severo código ético, y más de una vez consintió en confesar a mujeres que cambiaban su aspecto solo para estar en el confesionario, si se trataba de casos de extraordinaria urgencia.

Por supuesto, no hay ni que decir que el Padre Pío también se oponía a cualquier tipo de maquillaje de la mujer que no fuera discreto.

Un día, volvía a su celda después de dar la comunión, acompañado de fray Marcelo. Mostrando sus dedos a su acompañante, el Padre Pío se quejó de que estaban manchados con la pintura de labios de las mujeres, diciendo que, si sus dedos estaban manchados, a su vez también mancharían los labios de aquellos que vinieran después a comulgar. Fray Marcelo le dijo que todas las mujeres usaban barra de labios en esos tiempos. «Esa es la justificación: todo el mundo lo hace. Pero, si procedemos así, estamos arruinando la Iglesia». «Pero, ¿qué podemos hacer? –preguntó Fray Marcelo–, «¿echarlas fuera?». «Sí, algunas veces», replicó el Padre. «No, nosotros no podemos hacer eso: si tú las echas fuera, ellas vendrán; pero si lo hacemos nosotros, no lo harán».

El Padre concluyó diciendo que «mejor es tener unos pocos fieles pero convencidos, que un montón de gente sin fe».

La Sagrada Familia

La vida espiritual que predicaba el Padre Pío a sus devotos era un camino interior de perfección, ciertamente, pero que necesitaba para su correcto desarrollo de un marco adecuado de convivencia, de una tierra fértil donde prosperar, de un determinado ambiente donde se pudieran ejercitar las virtudes: ese escenario era la familia cristiana, que para el Santo desempeñaba un papel de una importancia capital en la vida de todo creyente.

Para el Padre Pío, el único matrimonio válido, el único que se podía llamar realmente así, era el católico, que era una unión sagrada a la que la gracia divina convertía en sacramento de amor y de salvación.

Naturalmente, además de reflejar en su seno la perfecta unión entre las personas de la Santísima Trinidad, y ser una escuela de santidad, el fin del matrimonio era la procreación de los hijos, convirtiéndose así en una «sagrada familia» donde los niños pudieran dar sus primeros pasos en la comunidad de la Iglesia universal. Como no podía ser menos, combatió fuertemente el pecado del divorcio: «El divorcio es el pasaporte para el infierno».

El Padre Pío era un defensor a ultranza de la familia cristiana: «El matrimonio es para los niños». Defendía la formación y la buena educación católica, y reprendía fuertemente a los padres de familia que descuidaban la formación religiosa y la educación moral de sus hijos: «Preocúpese siempre de la educación de sus hijos, no tanto científica, cuanto moral».

La esperanza del Padre Pío para los matrimonios es que estuvieran «muy bien coronados con niños», con el fin de «poblar la tierra y el Paraíso», por lo cual trabajó a favor de la vida y en contra del aborto y del control de la natalidad, hasta el punto de que negaba la absolución a quienes ponían trabas a la reproducción. Una vez dijo a una persona: «Cuando te casaste, Dios tomó la decisión de cuántos hijos debía darte». Y dijo a otro que ponía reparos a la procreación: «Que la venganza del Señor no caiga sobre ti».

Ya en sus tiempos, el Padre se quejaba de la caída de la natalidad, que llevaría a la despoblación de la tierra, «quemada como un desierto», porque se quedará sin la sonrisa de los niños.

Esta concepción tradicionalista del matrimonio llevó al Padre Pío a recomendar vivamente a los casados que cumplieran fielmente los deberes maritales, como se puso de manifiesto en la historia que contaba un hijo espiritual:

En la segunda confesión que tuve con él –en la primera me echó fuera–, cuando terminé la confesión el Padre me preguntó:

—¿Hay algo más?

Yo respondí que no. Él me miró fijamente a los ojos y me preguntó:

—¿Haces bien las cosas para un buen y santo matrimonio con tu esposa?

—No, Padre –le respondí–, porque los doctores nos han prohibido tener otro hijo.

Entonces él me pidió una aclaración a lo que acababa de decir:

—¿Y qué tienen que ver los doctores con estas cosas?

—Ellos me dijeron que podíamos dar a luz a un monstruo –respondí.

—Y eso es lo que tendrías que haber merecido –dijo el Santo, y una vez más me echó del confesionario.

Se dieron casos en los cuales el Padre denegó la absolución a mujeres que le habían confesado que no querían tener hijos.

Un testimonio impactante fue el de una mujer que fue echada del confesionario porque dijo que su marido no quería tener hijos. Al oír aquello, el Padre gritó: «¡Él tendrá cáncer!». Y a la gente que intentaba consolarla, le dijo con ojos aterrorizados: «Mi marido ya tiene cáncer: ya lo ha cogido».

Sus dardos incendiarios más contundentes los dirigía contra el horrible pecado del aborto: «El día en que perdamos nuestro horror por el aborto será un día terrible para la humanidad».

En cierta ocasión, le dijo al padre Pellegrino: «El aborto es no solo un homicidio, sino también un suicidio». Sorprendido, el padre Pellegrino respondió: «¿Suicidio?». El Padre Pío continuó: «El aborto es un suicidio de la raza humana, poblada solo por personas mayores».

El elemento que el Padre Pío puso en primer lugar para la preparación del sacramento mediante el cual un hombre y una mujer se unen indisolublemente fue la oración.

La plegaria, además, según el Padre era la mejor salvaguarda para la continuidad de un matrimonio, ya que lo convertía en una unión sagrada.

Una joven mujer casada se confesó con él en 1962 y, al final de su confesión, el Padre le dio una penitencia y le dijo: «Debes encerrarte en ti misma en el silencio de la oración, y salvarás tu matrimonio». Ella se sorprendió muchísimo ante esas palabras del Santo, pues en su matrimonio todo parecía marchar bien. Sin embargo, cuando sobrevino la tormenta, no la pilló desprevenida: recordando las palabras del Padre, retomó la oración y encaró la prueba. Con la fuerza obtenida de Dios en sus plegarias, consiguió salvar a su familia de una ruptura segura.

El valor de la plegaria no se reduce a santificar el matrimonio y a salvarlo de las posibles tormentas que amenazan su continuidad, sino que también el Padre Pío la recomendaba como herramienta para encontrar la pareja adecuada.

Cuando Probo Vaccarini regresó a casa al término de la II Guerra mundial, le dijo al Padre Pío que tenía muchas dificultades para encontrar una chica con la que casarse. El Padre Pío le dijo que pidieran ayuda de la Virgen Celestial. Al ver la desconfianza en la cara al penitente, el Padre añadió: «¿Qué piensas: que nuestra Señora no sabe cómo elegir la chica adecuada para ti? ¡Reza, he dicho!».

Y no hay ni que decir que el Padre Pío estaba totalmente en contra de las relaciones premaritales, ya que exigía la castidad antes de los desposorios. En cierta ocasión, uno de sus devotos se le acercó con la intención de pedir que el Padre Pío bendijera su boda, porque su novia estaba embarazada. Podemos imaginar la cara de estupor del Padre ante aquel requerimiento: «¡Ah, sí, y ahora incluso quieres que te dé un premio!».

Sin embargo, cuando sabía que la vocación de alguien no era el matrimonio, sino la vida religiosa, la recomendaba sin ambages: «Alabo su resolución de desear consagrarse completamente a Dios a la sombra del sagrado claustro. Por lo tanto, si su padre no lo necesita absolutamente, inténtelo por todos los medios, incluso huyendo, para llevar a cabo este plan sagrado.

La llamada del Señor debe seguirse de inmediato, de lo contrario ponemos nuestra salvación en peligro».

Contra los falsos pastores

Su postura radical en la defensa de la pureza de las costumbres la hizo también extensiva a la necesidad de preservar la Tradición y el Magisterio de la Iglesia, luchando por mantener ese riquísimo legado espiritual y dogmático en toda su integridad, en toda su pureza milenaria. Guiado por esta militancia a favor de la Iglesia tradicional, de la Iglesia de siempre, el Padre Pío fue siempre su celoso defensor, a la vez que implacable fustigador de los cambios que pretendían minusvalorar y debilitar las santas tradiciones que a lo largo de dos milenios han proporcionado gracias abundantísimas a la Iglesia fundada por Cristo.

No es de extrañar, por consiguiente, que el Padre Pío fuera un tenaz opositor al modernismo que amenazaba con alterar el depósito espiritual de la Iglesia católica, oponiéndose al *aggiornamento* que veía prosperar por todas partes, al igual que siempre combatió la masonería y el pensamiento marxista.

En efecto, su firme anclaje en la Tradición y el Magisterio de la Iglesia le llevó a condenar sin ambages la infiltración modernista, que estaba corroyendo los cimientos milenarios del catolicismo, en aras de una sospechosa «modernidad» que estaba «mundanizando» la Iglesia, a través de unas reformas que no gustaban en absoluto a un Santo enraizado en la más pura espiritualidad de la Iglesia: «El rebaño se dispersa cuando los pastores se han aliado con los enemigos de la verdad de Cristo. Todas las formas de poder que se hacen sordas a la voluntad de la autoridad del corazón de Dios son lobos rapaces que renuevan la pasión de Cristo y hacen salir las lágrimas de la Virgen».

Confirmación de la profunda fe tradicional del Santo es el testimonio de uno de sus confraternos, el padre Pellegrino Funicelli, a quien el Padre le ordenó recitar el juramento antimodernista, presentado por san Pío X, y dejado por sus sucesores en el olvido.

El padre Pellegrino cuenta en su libro *Padre Pío, entre sandalias y capuchas* que se tomó tal vez demasiado a broma denigrar el juramento mencionado anteriormente, y se quejó del rigor excesivo de la Iglesia, lo cual hizo que el Padre Pío llegara a pronunciar unas palabras que hoy como nunca antes asumen una importancia fundamental: «El rigor de la Iglesia siempre es necesario, incluso cuando es molesto. Lleva su tiempo, pero lo entenderás. Sin rigor sucedería el caos. Hay muchas razones para amar a la Iglesia, pero, en mi opinión, el mero hecho de que, con el rigor utilizado durante tantos siglos, se hayan preservado la palabra de Dios y la Eucaristía intactas, debería ser suficiente para hacernos amar más a nuestra Madre»[1].

---

[1] En https://padrepiopietr.wordpress.com/2018/01/14/senza-il-santo-rigore-il-caos-dilaga/ (fuente: amicidifradaniele.it).

La postura radicalmente contraria al modernismo del Santo del Gargano se expresa con rotundidad y claridad meridiana en las siguientes palabras:

Debido a la injusticia desenfrenada y al abuso de poder, hemos llegado a un compromiso con el materialismo ateo, una negación de los derechos de Dios. Este es el castigo anunciado en Fátima. ¡Todos los sacerdotes que apoyan la posibilidad de un diálogo con los negacionistas de Dios y con los poderes luciferinos del mundo están locos, han perdido la fe, ya no creen en el Evangelio! Al hacerlo, traicionan la palabra de Dios, porque Cristo vino a traer a la tierra un pacto perpetuo solo a hombres de buen corazón, pero no se unió a los hombres sedientos de poder y dominio sobre los hermanos.

Frente al ecumenismo buenista que se ha infiltrado hoy en la Iglesia, las cartas del Padre Pío demuestran claramente que no respetaba las religiones falsas, y que mantenía firmemente el dogma de que es necesario ser católico para conseguir la salvación. Esto es lo que monseñor George Pogany, quien conocía personalmente al Padre Pío, dijo sobre la visión que tenía sobre otras religiones: «El Padre Pío insistió en que la fe católica era la única religión fundada por Jesucristo. Él aceptó a todos como hombres, pero estaba convencido de que las otras religiones fueron fundadas por hombres diferentes, como por Lutero, por Calvino o por Zwinglio...».

Durante los días del Padre Pío, varias sectas no católicas intentaban activamente convertir a los italianos. Una de estas sectas abrió un jardín de infancia cerca del Padre Pío. El Padre sabía que los niños estaban expuestos a las críticas a la fe católica, por lo cual, muy enfadado, le dijo al superior: «¡Haz algo rápido! Ve en mi nombre al arzobispo, y obtén permiso para abrir un jardín de infantes cerca del suyo».

Fue así como se inauguró un jardín de infancia casi enfrente del que tenían los protestantes, y en un corto período de tiempo la secta tuvo que cerrar su jardín de infantes y mudarse. El Padre Pío luchó contra el mal no solo con oración, sino también con acción.

La infiltración modernista en la Iglesia había provocado, según el Padre Pío, la escasez de buenos directores espirituales, hasta el punto de que se quejaba de que en sus tiempos era una tarea titánica encontrar un buen director espiritual. En una carta del 16 de febrero de 1915, se quejaba de esto a alguien a quien recomendaba que buscara un director: «Necesitaría tener un director [espiritual] que esté muy iluminado en los caminos de Dios. Pero, ¿dónde se puede encontrar a alguien en estos tiempos terribles? Jesús misericordioso mismo se ha quejado de esto. ¡Oh, mi querido Padre, qué momentos tan tristes son estos!... ¡Que el divino Padre ponga fin a esta desastrosa situación!».

Desde su percepción nítida de que la Iglesia estaba viviendo una crisis, y que esta se iba a intensificar, llamaba a la oración para combatir esta desolación:

Oren por esta alma que llora por la desolación universal, y especialmente por la desolación de nuestra pobre Provincia (carta del 28 de agosto de 1917).

Oremos a nuestro Jesús más misericordioso para que venga en ayuda de su Iglesia, porque sus necesidades se han vuelto extremas (carta del 25 de abril de 1914).

En cuanto al concilio Vaticano II, es muy poco conocida la actitud crítica que siempre tuvo hacia los cambios que se estaban implementando en la Iglesia desde los ámbitos conciliares, actitud que no era de extrañar en un santo firmemente anclado en la Tradición y el Magisterio secular de la Iglesia. Esta creencia, junto a la catalogación de su espiritualidad como «trasnochada» –«medieval»– por parte de los estamentos modernistas, han hecho al Padre Pío un santo muy popular entre los fieles, pero menos entre los altos cargos de la Iglesia, de ahí que tardaran más años de lo debido en canonizarle.

Su postura crítica empezó a manifestarla desde los mismos albores del Concilio, cuando decía: «Ahora comienza la torre de Babel»[2]. Posteriormente, dejó traslucir sin ambages su oposición a los cambios conciliares: «Este es un Concilio que desconcilia».

---

[2] Para todas las citas en contra del Concilio, véase https://bastioncatolico.wordpress.com/2012/07/18/el-padre-pio-y-el-concilio-vaticano-ii/.

A pesar de su buena relación con Pablo VI, por conducto de monseñor Del Ton –el latinista del Vaticano–, le mandó decir que «se apresurara a clausurarlo; cuanto más tiempo pasa, peor es».

Cuando el cardenal Bacci fue a verle a San Giovanni Rotondo, le exhortó de manera decidida: «¡Terminad con el Concilio de una vez! ¡Por piedad, terminadlo pronto!».

Al acabar el Concilio, mientras se hablaba de una presunta «nueva primavera para la Iglesia», el Padre confió a uno de sus hijos espirituales: «En este momento de oscuridad, oremos. Vamos a hacer penitencia por los elegidos, y especialmente para el que tiene que ser su pastor».

En 1966 cuando el padre General de los Franciscanos visito al Padre Pío para pedirle oraciones y su bendición para la reunión del Capítulo especial para poner a tono la orden con el *aggiornamiento* del Concilio, el Padre Pío, con un gesto brusco, gritó: «¡Eso no son más que tonterías destructivas!».

Apenas oyó el Padre las palabras «Capítulo especial» y «Nuevas Constituciones», exclamó airado: «¿Qué están cambiando en Roma? ¡Ustedes quieren cambiar la regla de san Francisco! ¡No debemos desnaturalizarnos nosotros mismos, no debemos desnaturalizarnos nosotros mismos! ¡En el juicio final san Francisco no nos reconocerá como hijos suyos!». Y frente a la explicación de que los jóvenes no querían saber nada de la tonsura ni del hábito, el padre gritó: «¡Echadlos fuera! ¡Ellos se creen que le hacen un favor a san Francisco entrando en su orden cuando, en realidad, es san Francisco quien les hace un gran don!».

Su condena radical del modernismo iba acompañada –como no podía ser menos– de una reprobación meridiana del comunismo, que criticaba acerbamente: «Los comunistas amenazan arruinar a la sociedad y al país. [...] Sus principios son insostenibles e inaceptables, tanto en lo que respecta al orden temporal, ya que van en contra del derecho de la propiedad, y desde aquí un sinnúmero de males; como en lo que respecta al orden moral, porque van en contra de todo principio de la sana moral».

El Padre Pío se convirtió en el principal oponente del Partido Comunista en las elecciones en Italia después de la II Guerra mundial, cuando había muchas posibilidades de que ganara en las urnas. Amonestaba a los peregrinos que visitaban el convento de San Giovanni Rotondo diciéndoles que no debían votar a los comunistas. De hecho, el Partido Comunista culpó al Padre Pío por su derrota en dos de las elecciones generales celebradas en la década de 1940.

6

El Padre espiritual

La filiación espiritual

Aparte de las almas que dirigió de manera individual mediante la correspondencia epistolar y el contacto cercano –más o menos presencial–, el Padre Pío tuvo un amplio número de devotos que fueron dirigidos como hijos espirituales suyos, aunque su contacto fuera más ocasional y falto de continuidad. También hay que incluir entre las almas dirigidas a las personas que entraron a formar parte de sus Grupos de Oración.

La gran mayoría de las personas que estuvieron en contacto –más o menos cercano– con el Padre Pío se convirtieron en sus hijos espirituales, devotos del Santo que se comprometían a vivir su vida de fe de acuerdo con unos principios básicos emanados de la espiritualidad del Padre Pío, los cuales constituyeron como una «regla» de esa hermandad espiritual.

Esa hermandad de los hijos espirituales del Santo no llegó a configurarse como un instituto de vida secular, como una especie de «orden tercera» con sus reglas y principios, pero, como es natural, el Padre Pío puso una serie de requisitos para los devotos que quisieran acogerse a su filiación espiritual, un «programa de vida» que era necesario seguir para tener su paternidad espiritual. Parafraseando el evangelio, podríamos decir que no bastaba con decir «¡Padre Pío! ¡Padre Pío!» para disfrutar de su dirección espiritual, sino cumplir su voluntad, que era la misma voluntad de Dios.

¿Cómo convertirse en hijo espiritual del Padre Pío? La filiación espiritual con el Padre Pío se puede resumir en estas 7 condiciones:

1. Vivir intensamente la vida de la divina gracia.
2. Testimoniar la propia fe con las palabras y las obras, viviendo una auténtica vida cristiana.
3. Desear permanecer bajo la protección de san Pío de Pietrelcina y querer participar en los frutos de las oraciones y de las obras del Santo.
4. Imitar al venerado Padre en su virtud, en particular en su amor por Jesús Crucificado, por la santísima Eucaristía, por la Virgen, por el Papa y por toda la Iglesia.
5. Rezar el Santo Rosario todos los días, según el ejemplo del Santo.
6. Participar en la Santa Misa todos los domingos y fiestas de guardar.
7. Estar animado por un espíritu de santa caridad hacia todos los hermanos.

Estos «mandamientos» giran, como se ve, en torno a la vida sacramental y la práctica de la caridad.

Fray Modestino de Pietrelcina, un hermano del convento y natural del mismo Pietrelcina –fallecido en 2011–, fue encargado por el Padre Pío de la dirección de sus hijos espirituales. En el libro *Fra Modestino da Pietrelcina, testigo del Padre*, Modestino cuenta que le dijo al Padre Pío durante una confesión: «Padre, me gustaría asumir, como sus hijos espirituales, a todos aquellos que se comprometen a recitar todos los días un Rosario y celebrar una Santa Misa según sus intenciones de vez en cuando. ¿Puedo hacerlo, o no?».

El Padre Pío respondió: «¿Y puedo renunciar a este gran beneficio? Haz lo que me pides y te ayudaré». Más adelante le diría: «Hijo mío, amplia tanto como puedas el número, porque se benefician más ellos mismos que Dios. Diles que les entrego todo mi corazón, siempre que sean perseverantes en la oración y en el bien».

También el Padre Pío encomendó a fray Modestino la divulgación del Rosario. Unos días antes de su muerte, se quitó el rosario que llevaba habitualmente en la muñeca, y se lo dio a fray Modestino, con el encargo de que lo difundiera entre sus hijos.

Fray Modestino diría posteriormente: «Todos aquellos que, desde sus hogares, se unan a la oración que el Padre prefería, de 21 a 21:30 h, y ocasionalmente hagan una Santa Misa según las intenciones del Padre Pío, pueden convertirse en sus hijos espirituales. Lo aseguro bajo mi responsabilidad personal».

Una breve oración muy recomendable para convertirse en un hijo espiritual del Padre Pío es la siguiente:

Querido Padre Pío:

Recuerda tu promesa a Jesús: «Señor, estaré a las puertas del cielo hasta que vea que todos mis hijos espirituales han entrado».

Animado por tu amorosa promesa, te pido que me aceptes como tu hijo espiritual, y que siempre intercedas por mí ante Jesús y María. Y como mi padre espiritual, te pido que obtengas misericordia de Dios por todos mis pecados y que estés conmigo durante toda mi vida. Amén.

La filiación espiritual con el Padre Pío es garantía de salvación, como se trasluce a partir de estas palabras: «Puedo olvidarme de mí mismo, pero no de mis hijos. Te digo que cuando el Señor me llame, me quedaré a la puerta del Paraíso y le diré: "Señor, no entraré antes de ver que todos mis hijos han entrado"». Ante esta afirmación, Cleonice Morcaldi le preguntó: «¿De verdad dijiste eso?». El Padre Pío respondió: «Le hice esta propuesta al Señor: no sé si lo acepta».

Son entrañables y emotivas las promesas que hacía el Padre Pío hacia sus devotos, hacia las almas que dirigía, reflejando en palabras impactantes el gran amor que les profesaba, manifestado en promesas de fidelidad, de ayuda, de asistencia y de cuidado:

Cuando el Señor me confía un alma, la coloco sobre mi hombro y nunca la dejo ir.

Veo a todos mis hijos que vienen al altar, como en un espejo.

Amo a mis hijos espirituales tanto como a mi propia alma, e incluso más.

Una vez que tomo un alma, también tomo a toda su familia como mis hijos espirituales.

¡Ay de aquellos que ponen una mano sobre mis hijos espirituales!

A mis hijos espirituales: nunca faltarán mis oraciones por ustedes.

Si alguno de mis hijos espirituales se extravía, dejaré a mi rebaño y lo buscaré.

A menudo levanto mi mano en el silencio de la noche en mi celda solitaria, bendiciéndolos a todos, y presentándolos a Jesús y a nuestro Padre seráfico, san Francisco de Asís.

El padre capuchino Guglielmo Alimonti contó lo siguiente: «Un día, estando solo cerca de él, no pude evitar preguntarle, arrodillado a sus pies: "Padre, si el

Señor te dijera cuando estés en el cielo que uno de tus hijos corre el riesgo de perderse eternamente, ¿qué harías?". Él respondió: "Simplemente, le pediría que me dejara regresar a la tierra para comenzar de nuevo a sufrir, solo para salvarlo"»[1]. ¡Palabra del Padre Pío!

La puerta Madonnella

Una modalidad especial de filiación espiritual es la que el Padre Pío instituyó en sus conocidos Grupos de Oración, los cuales –junto con la Casa Sollievo della Soferenza– fueron su única fundación. Aunque su establecimiento oficial data de 1950, el Santo ejerció la dirección de grupos desde su misma llegada en 1916 a San Giovanni Rotondo. En estos cenáculos ejerció su magisterio de forma más colectiva, pero sin descuidar la atención personal a los dirigidos que pertenecían a su círculo más próximo.

En estos cenáculos un reducido círculo de personas recibía una enseñanza espiritual directa por parte del Santo, con reuniones periódicas y la realización de una serie de devociones y actividades espirituales. Las personas que participaron en esos grupos han dejado abundantes testimonios donde se trasluce cómo era la dirección de almas que practicaba el Santo. Posteriormente, estos grupos se extendieron por todo el mundo, sin el contacto directo con san Pío, pero siguiendo sus directrices.

[1] G. ALIMONTI, *I miei giorni con Padre pio*, 133-134.

El antecedente de los Grupos de Oración puede establecerse en Pietrelcina, en los años en los que el Padre Pío tuvo que residir allí cuando –por motivos de salud– tuvo que exclaustrarse.

Su casa natal estaba en la parte más antigua del pueblo, en la zona conocida con el nombre de «El Castelo», donde hubo –allá por 1300– una pequeña fortaleza. La entrada en este barrio se hacía a través de la calleja Vico Storto Valla, donde hay un pequeño banco sobre la puerta de entrada del número 6.

En ese arco se representan, en antiguos azulejos esmaltados, los tres protectores de la ciudad: san Miguel arcángel, la Sra. de la Libera Coronada y san Antonio de Padua. La imagen de la virgen da nombre a la puerta: *La Madonnella.*

En su camino de vuelta desde la Piana Romana –la finca de la familia Forgione, situada a más de una hora de camino del pueblo–, el Padre Pío se detenía en ocasiones en esta puerta, especialmente con ocasión de las diferentes fiestas marianas del año litúrgico, convocando a sus fieles para rezar el Rosario y cantar himnos. Se puede decir que así nacieron los futuros Grupos de Oración.

En su celda del convento de San Giovanni, el Padre siempre conservó una fotografía de la puerta Madonnella.

El Padre Pío comenzó su actividad como director espiritual en el sentido tradicional del término con un primer grupo de almas desde su misma llegada a San

Giovanni Rotondo, en septiembre de 1916. Los puntos clave fueron dos encuentros semanales con conferencias donde proponía los medios de perfección más acordes con la tradición. Este pequeño grupo constituyó el primer grupo de oración, según la metodología de preparar pocas y bien formadas almas que serían simiente para otras almas.

Este grupo estaba formado exclusivamente por mujeres, en número de 12, que se reunían dos veces por semana, en las tardes de jueves y domingos, principalmente en la habitación de invitados del convento y, a veces, en una de las casas de los miembros. Según testimonio de Nina Campanile: «A veces las reuniones se llevaban a cabo en una de nuestras casas cuando el Padre Pío no podía venir. A menudo Rosinella Gisolfi veía que el Padre Pío estaba presente durante nuestras reuniones y solía advertirnos: "El Padre Pío está aquí con nosotros"».

Las primeras hijas espirituales fueron Rachelina Russo, su sobrina Rosinella Gisolfi, Lucietta Fiorentino, su hermana Giovanna y Paolina, su cuñada Filomena Fini, Vittorina Ventrella –con sus hermanas Elena, María y Filomena–, su tía Paolina y su amiga Maddalena Cascavilla, Maria Anna Campanile –conocida como Nina–, su amiga Girolama Longo, Maria Pompilio y sus hermanas, Maria Massa, Mariuccia Riccardi, Angelina Serritelli, Assunta di Tomaso, Esterina Merla, Rosinella Pagliara, Annina Della Croce y Emanuela Tricario.

Junto a las normales prácticas de piedad –les insistía mucho en la devoción al Ángel de la Guarda, las súplicas a la Virgen de Pompeya, la devoción a la Virgen del Carmen, a santa Ana, a la Asunción de la Virgen y a San Miguel Arcángel y, en especial, las devociones de Navidad y de la Epifanía–, el Padre Pío les recomendaba meditar sobre el valor redentor del sufrimiento por amor a Jesús.

Las charlas de formación espiritual solían versar sobre las parábolas evangélicas. Según testimonió Vittorina Ventrella: «Partiendo de las parábolas como punto de partida, el Padre Pío nos enseñaría el desapego de las cosas terrenales y la mortificación de los sentidos».

Las primeras tareas fueron preparar a los niños para la Primera Comunión, distribuir dinero a los necesitados y ayudar con la correspondencia.

Este pequeño grupo puede considerarse el más claro antecedente de lo que luego serían los Grupos de Oración, cuyo objetivo era formar un pequeño número de almas para que estas, a su vez, sirvieran de simiente para otras almas.

Nina Campanile, maestra de primaria en su natal San Giovanni Rotondo, conoció al fraile desde su llegada en 1916, cuando le pidió noticias del alma de su hermano, muerto en la guerra. Siguiendo su consejo, hizo un voto de castidad, que renovó cada año. Nina relató en su diario –*Memorie sul Padre Pio*– los comienzos de ese grupo de oración:

Al principio nos explicó los principales medios para lograr la perfección cristiana, a saber: la elección de un santo y un director erudito, la frecuencia de los sacramentos, la meditación, la lectura espiritual. Explicó estos temas, contrastándolos siempre con ejemplos tomados de las Sagradas Escrituras o de la vida de los santos. Decía: «Los argumentos sagrados siempre deben ser confirmados con ejemplos sagrados, y no con ejemplos profanos, porque tienen mayor valor y mayor efecto». Dio conferencias especiales sobre mortificación, y finalmente nos explicó muchas parábolas evangélicas. Entonces el Padre concluyó: «El material está listo, ahora hay que empezar a construir». Y disolvió las reuniones.

Posteriormente a estos encuentros en grupo, para explicar los principios fundamentales, el Santo empezó la atención personalizada a cada una de sus hijas espirituales, con el fin de aplicar aquellos principios adaptándose a las necesidades y circunstancias de cada persona. Según testimonio de Nina Campanile: «Cuando el Padre disolvió las reuniones semanales, estableció turnos de escucha. Todos los días de la semana, dos o tres de nosotras fuimos recibidas y recibimos instrucciones».

En su obra *Padre Pío: un santo entre nosotros*[2], Renzo Allegri narra las primeras experiencias de ese primitivo grupo de hijos espirituales, donde, junto a luminosas

[2] R. ALLEGRI, *Padre Pío: un santo entre nosotros*, en https://www.amazon.es/Padre-Pio-santo-tra-Ingrandimenti/dp/8804450800.

vivencias, también, inevitablemente, ocupan su lugar los celos y las rivalidades. Vittorina Ventrella expresaba así este problema: «Nos hubiera gustado que pasara la misma cantidad de tiempo con cada una de nosotras, y nos quejábamos y nos sentíamos molestas cuando se quedaba con alguien más tiempo».

También se quejaban las devotas de que el Padre Pío «trataba a algunas con más gentileza y a otras con más dureza». Ante estas quejas, el Padre Pío le dijo a Filomena Fini: «Debes darte cuenta de que no actúo por casualidad, sino por la voluntad de Dios. A algunas almas es necesario darles leche, y a otras alimento sólido».

Una de las participantes en ese cenáculo, Vittorina Ventrella, explicaba pormenorizadamente la pedagogía personalizada del Padre: «El Padre Pío nos otorgó a cada una de sus hijas una audiencia privada para las necesidades del alma. Nos hubiera gustado que nos dedicara la misma cantidad de tiempo a todas, y estábamos molestas y resentidas cuando hablaba más con alguien. Siendo todavía principiantes, no pudimos entender que no todas las almas tienen las mismas necesidades. Como el agricultor tiene diferentes curas para diferentes plantas, un director de almas sabio debe adaptarse a las diversas necesidades de cada una de ellas. Pobre Padre... cuánta paciencia ha tenido con cada una de nosotras. Entre nosotras siempre investigamos por qué el Padre trató a una con más gentileza y a otra con dureza. Para algunas, preferencias, y para otras, nada. Sufrió, y como se decía que algunas almas se habían acercado a él, y él les había confiado sus secretos, le pregunté si realmente esas almas que nos hicieron sufrir tanto eran las favoritas, y si realmente les confió sus secretos. Él respondió: "Solo confío en Dios"».

La misma Vittorina Ventrella se quejaba: «A veces, algunas de nosotras estamos ansiosas, por no progresar tan fácilmente como las demás. Entonces el Padre dijo: "Algunos van al Paraíso en tren, otros van en carruaje y otros a pie. Sin embargo, estos últimos tienen más mérito que otros, y un lugar más grande en el Paraíso"».

Los Grupos de Oración

Los Grupos de Oración (*Gruppi di Preghiera*) constituyen una de las grandes obras del Padre Pío, surgida no de un plan preconcebido, sino espontáneamente como derivación de su apostolado. Como se sabe, el capuchino estigmatizado exhortaba invariablemente a sus penitentes y visitantes a la oración, la que él mismo practicaba con preferencia y perseverancia. Estaba convencido de que, como asegura san Alfonso María de Ligorio, «el que ora ciertamente se salva; el que no ora se condena». Sabía que no hay cosa que deteste tanto el demonio como la comunicación y contacto con Dios, que eso es la oración.

Los devotos del Padre Pío se entregaban, pues, a la plegaria, pero pronto sintieron la necesidad de reunirse para orar en común. El primer núcleo de grupos de orantes se formó en torno a la naciente obra de la

Casa Sollievo della Sofferenza («Casa de Alivio del Sufrimiento»), el hospital que el Santo planeó construir desde 1940 frente al convento de San Giovanni Rotondo con las limosnas recibidas por el Santo fraile, y que era como la niña de sus ojos, su obra predilecta. Hay que destacar los nombres de Guglielmo Sanguinetti, Mario Sanvico, Carlo Kisvarday, John Telfener, Ida Seitz, Angela Serritelli y Cleonice Morcaldi, que fueron los mayores impulsores del proyecto hospitalario. El Padre Pío, que estaba convencido de que sin la oración ninguna acción apostólica podía prosperar, les animaba, les guiaba y les daba orientaciones para que fueran el apoyo espiritual de la magna obra.

La creación de los grupos fue la respuesta del Padre Pío a los continuos llamamientos de Pío XII a que los creyentes intensificaran la oración, y se reunieran en grupos para practicarla.

En plena Guerra mundial, el 17 de febrero de 1942, Pío XII hizo una urgente llamada a todos los católicos pidiendo oraciones: «¡Cuánto se complace Cristo y cuánta confianza tiene la Iglesia en un mayor adelantamiento espiritual del pueblo cristiano, cuando ve grupos de fieles de todas las edades y de todas las condiciones reunirse con piedad y con devoción ardiente alrededor de la mesa eucarística! Tenemos necesidad de fuertes y compactas falanges de hombres y de jóvenes que, manteniéndose estrechamente unidos a Cristo, reciban al menos una vez al mes el Pan de vida, y animen a otros para que sigan su ejemplo».

Al comienzo de la Cuaresma de los años siguientes, el Papa renovó esta convocatoria, que mantuvo una vez acabada la conflagración, ya que, a pesar de la paz, la situación del momento era particularmente difícil: «En la lucha entre el bien y el mal, sugerimos formar grupos de fieles que vivan plenamente la vida cristiana. Grupos de personas que rezan juntas. No hay reglas particulares ni nuevas oraciones: solo una reunión al menos una vez al mes en una iglesia, con la bendición del obispo local y asistencia de un sacerdote».

El Padre Pío, siempre atento a la voz del Vicario de Cristo, puso los nacientes Grupos de Oración en sintonía con los deseos e intenciones papales, instando a sus hijos espirituales a orar por la Iglesia, en la Iglesia y con la Iglesia, en comunión con sus pastores y en fidelidad a ellos. Es este el inequívoco sello de la obediencia seráfica que movía al capuchino de San Giovanni Rotondo y a su santo fundador, el *Poverello* de Asís, de quien fue digno émulo.

«Escuchemos al Papa, recemos y hagamos rezar», «vamos a arremangarnos y responder de inmediato a esta apelación enviada por el Romano Pontífice», decía el Santo a los que se dirigían a él para pedirle consejo en sus afanes apostólicos.

En septiembre de 1949 existían «grupos de plegarias» en varias ciudades de Italia, que se reunían conjuntamente una o dos veces al año, para celebrar Misa y rezar el Rosario. En 1950 se añadió a los actos piadosos que hemos enumerado una hora de oración, y entonces empezaron a llamarse «Grupos de Oración».

El Padre Pío formuló una imagen precisa y clara de cómo serían los Grupos de Oración y cómo cumplirían su misión. La Casa Sollievo della Sofferenza, a punto de inaugurarse, se hizo eco de esta petición, y en ella se formó el primer «grupo de oración». En la edición de agosto de 1950 de la Casa Sollievo della Sofferenza se mencionaron por primera vez los grupos, a la vez que se hacía un llamamiento para su constitución.

El 11 de julio de 1950 se acuerda que los grupos sean dirigidos por un sacerdote. En agosto del mismo año se lanza la primera invitación para que estos grupos se constituyan en todas las ciudades y pueblos, relacionándose con el llamado grupo central a través de los respectivos promotores. En mayo de 1951 se funda el primero en Roma. El 15 de diciembre de 1951 se puntualizan las características que deben reunir los Grupos de Oración, que dependerán de la Casa Sollievo della Sofferenza. En 1952 el número de grupos, tanto en Italia como en el extranjero, se cuenta ya por centenares.

En 1959 se celebra el primer Congreso Nacional de los Grupos de Oración, que tuvo lugar en Catania, y en el cual el cardenal Lercaro pronunció una brillante alocución.

En el segundo Congreso Internacional de los Grupos de Oración, reunidos en la Casa Sollievo della Sofferenza el 5 de mayo de 1966, el Padre Pío habló al Congreso y llamó la atención sobre su crecimiento y trabajo.

San Pío de Pietrelcina llamó a los Grupos de Oración *viveros de fe, hogares de amor*. Fe y amor, oración y acción, contemplación y apostolado: dos elementos esenciales de la vida espiritual que quiso conjugar en ellos su inspirador, el cual quería que sus hijos espirituales fueran intercesores, que prestaran su voz al clamor de las criaturas a su Creador, que vivieran una intensa vida sacramental centrada en la Eucaristía y que dieran de lo que habían recibido. Para el Padre Pío la fe es operativa por la caridad y la oración fecunda en obras; por eso, quiso vincular los Grupos de Oración a la de la Casa Sollievo della Sofferenza. He aquí por qué los cenáculos tienen siempre una proyección apostólica inspirada en las obras de misericordia.

El capuchino estigmatizado no solía predicar, pues su palabra se prodigaba en el encuentro personal en el confesionario, en la dirección espiritual y en la atención a los peregrinos. Pero por sus amados Grupos de Oración accedió a hablar en público en ocasión del décimo aniversario de la inauguración de la Casa Sollievo della Sofferenza. Vale la pena copiar sus palabras, que contienen el espíritu que los informa:

Mi recuerdo y paternal pensamiento se dirige de manera muy especial a los Grupos de Oración, difundidos por todo el mundo y presentes hoy aquí, con ocasión del primer decenio de la Casa y de su segundo Congreso Internacional. Alineados con la Casa Sollievo della Sofferenza, son ellos la vanguardia de esta ciudadela de la caridad, viveros de fe, hogares de amor, en los cuales Cristo mismo se hace presente cada vez que se reúnen para la plegaria y el ágape eucarístico bajo la guía de sus pastores.

Es la plegaria, esta fuerza unida de todas las almas buenas, la que mueve el mundo, la que renueva las conciencias, la que sostiene la Casa, la que consuela a los que sufren, la que cura a los enfermos, la que santifica el trabajo, la que eleva la asistencia sanitaria, la que da la fuerza moral y la cristiana resignación al sufrimiento humano, la que expande la sonrisa y la bendición de Dios sobre toda flaqueza y debilidad.

La idea de los Grupos de Oración la mantuvo el Padre Pío como ayuda al mundo que sufre. Su corazón deseaba mucho más, ya que al fundar los grupos veía una corriente de oraciones, extendiéndose cada vez más y abrazando a tantos otros corazones, que lograse aunar a todos los hermanos que sufren, a todo necesitado corporal.

Características de los Grupos de Oración[3]

Los grupos se proponen seguir los principios generales de la espiritualidad franciscana del Padre Pío:

---

[3] En http://www.padrepiomexico.org/p/grupos-de-oracion-del-padre-pio.html.

1. Plena e incondicional adhesión a la doctrina de la Iglesia católica, guiada por el papa y por los obispos.
2. Obediencia al papa y a los obispos, cuyo portavoz, dentro del Grupo, es el sacerdote director espiritual, nombrado por el obispo.
3. Oración con la Iglesia, por la Iglesia y en la Iglesia, con la participación activa en la vida litúrgica y sacramental, vivida como vértice de la íntima comunión con Dios.
4. Reparación a través de la participación de los sufrimientos de Cristo, según las enseñanzas de san Pablo.
5. Caridad activa y laboriosa en el alivio de los que sufren y de los necesitados, como actuación práctica de la caridad hacia Dios.

Los Grupos de Oración están constituidos por fieles que se proponen poner en práctica la invitación de Jesucristo a la oración, confirmada por los sumos pontífices; son establecidos en una Iglesia o en un oratorio por el ordinario del lugar o, por lo menos, por él aprobados, y allí se reúnen periódicamente, bajo la guía del director espiritual, para rezar y para invitar a otras personas a la oración, en comunión con la jerarquía eclesiástica y de acuerdo con las orientaciones espirituales indicadas por el Padre Pío. Los miembros de los grupos cuidarán con esmero la propia formación espiritual, asistiendo a las reuniones dedicadas a profundizar la doctrina católica, y llevarán a cabo el apostolado promoviendo iniciativas particulares de evangelización, en plena adhesión y realización de la acción pastoral de la Iglesia particular y local.

Pueden ser miembros de los Grupos de Oración tanto los laicos como los sacerdotes y los religiosos.

A los Grupos de Oración se encomiendan las siguientes intenciones generales:

- La Iglesia, el papa, los obispos, las vocaciones eclesiásticas y religiosas, la santificación del clero, el fervor de la vida cristiana, la conversión de los pecadores y de los ateos, los enfermos, especialmente los incurables, los ancianos y otras intenciones relativas a las necesidades contingentes de la Iglesia y de la sociedad.
- Los adherentes a los grupos se dedicarán a la oración de reparación y, siguiendo las enseñanzas del apóstol Pablo, ofrecerán sus sufrimientos participando de la Pasión de Cristo, Redentor del mundo.
- A fin de que las oraciones sean más gratas a Dios, los miembros de los Grupos de Oración efectuarán obras de penitencia y de reparación y tratarán de ser un ejemplo en la aceptación de los sufrimientos y de los sacrificios inherentes al propio estado y a la práctica sincera de la vida cristiana. En particular se dedicarán a las obras de caridad, especialmente con los enfermos, los ancianos y los segregados[4].

---

[4] Para formar run grupo de oración, véase http://santopadrepio.com/grupos_de_oracion_padre_pio_pietrelcina.htm.

A la muerte del Padre Pío, en 1968, había 726 grupos, número que se ha multiplicado y a día de hoy hay cerca de 3.500 por todo el mundo, con casi 3 millones de afiliados.

Esta gran expansión de los grupos fue el contenido de una visión que tuvo Vittorina Ventrella, hija espiritual del Santo:

La señorita Ventrella Vittoria, maestra de las escuelas primarias de San Giovanni Rotondo, un alma consagrada al Señor y dirigida espiritualmente por el Padre Pío, una noche, medio dormida, más que un sueño, tuvo una visión. Parecía ver el cielo lleno de esplendor, en medio del cual había un sacerdote, vestido con vestimentas sagradas muy ricas, adornado con perlas y gemas preciosas. En el sacerdote reconoció el rostro del Padre Pío, que se volvió radiante como el sol, y del que partían innumerables rayos en todas las direcciones, que se perdían en el infinito. Pero lo que más la sorprendió fue la observación de que los rayos estaban formados por miríadas de rosas blancas y rojas. Cuando la visión desapareció, se dio cuenta de que estaba despierta: no había sido un sueño.

Temprano en la mañana, acompañada por su hermana, fue al Convento para contarle al Padre Pío lo que había visto. El Padre Pío ya estaba en el confesionario cuando Ventrella llegó a la Iglesia. Cuando la vio, la llamó y se acercó al confesionario. Ventrella dijo: «Padre, no vine a confesarme». El Santo respondió:

«Lo sé. Viniste a decirme lo que viste anoche». «Sí, padre –admitió Ventrella–. ¿Debería creerlo, o fue un sueño?». «¿Lo dudas?», dijo el Padre Pío. «Padre, ¿qué significan todos esos rayos luminosos, formados por miles de pequeñas rosas blancas y rojas que partieron de ti en todas las direcciones?». La respuesta fue clara: «Los rayos simbolizan los Grupos de Oración, que se extenderán por todo el mundo. Las rosas blancas representan las almas que se esfuerzan por vivir en gracia, en el amor de Dios y en la caridad fraterna. Las rosas rojas representan las almas que con alegría llevan la Cruz del sufrimiento y, junto con Jesús y conmigo, colaboran en la conversión de los pecadores y en la salvación de los hermanos»[5].

Juan Pablo II un día después de la beatificación del Padre Pío dijo:

En cuanto a los Grupos de Oración, quiso que fueran faros de luz y de amor en el mundo. Deseaba que muchas almas se le asociaran en la oración: «Orad –decía–, orad al Señor conmigo, porque todo el mundo tiene necesidad de la oración. Y todos los días, cuando vuestro corazón más sienta la soledad de la vida, rogad, rogad junto con el Señor, porque también Dios necesita de nuestra oración». Su intención era crear un ejército de orantes, de personas que fueran «levadura»

[5] A. D'APOLITO, *Padre Pio da Pietrelcina. Ricordi, esperienze, testimonianze*, Edizioni Padre Pio de Pietrelcina, San Giovanni Rotondo 2005, 215-219.

en el mundo con la fuerza de la oración. Y hoy toda la Iglesia le está agradecida por esta preciosa herencia.

«En los grupos, cuando mis hijos se unan en oración, Jesús estará en medio de ellos; también estará la Madre de Jesús; y también estaré presente en espíritu y unido en oración».

«Yo invito a las almas a orar y esto ciertamente fastidia a Satanás. Siempre recomiendo a los grupos la vida cristiana, las buenas obras y, especialmente, la obediencia a la Santa Iglesia».

Epílogo:
El Monte de la Perfección

> *En cuanto a mí, ¡Dios me libre gloriarme si no es*
> *en la Cruz de nuestro Señor Jesucristo!*
> (Gál 6,14).

Cogidos de la mano del Padre Pío, guiados por su dirección espiritual, conducidos sabiamente por el Santo como por un Buen Pastor, hemos ascendido con él a las laderas del Gargano donde está el convento de San Giovanni Rotondo, el corazón de la colosal aventura espiritual que protagonizó –y sigue protagonizando– el Padre Pío.

Monte Carmelo, Monte Hermón, Monte Tabor, Monte Calvario... Cumbres de santidad, de perfección.

Para la primera edición de su obra Subida al Monte Carmelo, san Juan de la Cruz realizó un dibujo, en el que ilustraba el itinerario de la subida al Monte de la Perfección, representando plásticamente los argumentos que explica en la introducción del libro: «Trata de cómo podrá un alma disponerse para llegar en breve a la divina unión. Da avisos y doctrina, así a los principiantes como a los aprovechados, muy provechosa para que sepan desembarazarse de todo lo temporal, y no embarazarse con lo espiritual...».

La subida con el Padre Pío a la cumbre del Gargano es igualmente la escalada hacia ese Monte de la Perfección, donde somos transfigurados, donde el pecado se transmuta en gracia, el sufrimiento en gozo, la Cruz en Gloria.

En este libro nos hemos adentrado por ese itinerario, atravesando páramos y desiertos, atravesando territorios desconocidos, afrontando peligros y tentaciones, derramando quizá nuestra sangre, coronándonos quizás con espinas, sintiendo posiblemente el flagelo del enemigo de nuestras almas. Mas, llegados a la cumbre, pasadas las pruebas, purgadas nuestras almas de las pasiones terrenales, allí sentiremos el abrazo del Padre Pío, la caricia de nuestro amado Santo, que será también nuestro guía hacia la meta definitiva: el Paraíso.

Este camino recorrido puede sintetizarse con esta breve semblanza biográfica de nuestro director espiritual, donde se recoge el esplendor de una vida que desde las más altas cumbres de la santidad nos espera con los brazos abiertos, la sonrisa en el rostro, y el corazón henchido de compasión por sus hijos:

Su firme fe creció en la esperanza y trabajó en la caridad a un ritmo constante y sostenido.

Él, además de ser el hombre de fe, se había convertido en el maestro de nuestra esperanza: en él sentimos el deseo de Dios, la certeza de alcanzarlo en el cielo y la serena espera de esperar los medios necesarios para superar cada dificultad, practicar la virtud y convertirnos en santos también.

En medio de las innumerables adversidades, siempre apoyó una esperanza viva, profundamente fundada en la omnipotencia y la bondad de Dios, que le comunicó una firmeza inquebrantable.

Las humillaciones, las oposiciones y las persecuciones no perturbaron en absoluto la paz de su espíritu y el estado de ánimo uniforme de su comportamiento.

El amor a Dios al que se unió de manera indisoluble, y el deseo de salvar almas –por el cual ofreció su vida como víctima sin interrupción y con un *crescendo* incomparable–, lo santificaron hasta el punto de poder merecer todos esos medios de salvación necesarios para aquellos a quienes el Señor le confiaría a lo largo de los siglos.

El Padre Pío conocía bien su misión, que no se limitaba solo al mundo contemporáneo, sino que tenía un alcance tan intenso y amplio que parecía exceder cualquier límite de espacio y tiempo.

Separado de la tierra e inclinándose hacia el futuro, como un águila, miraba fijamente al Cristo crucificado, nuestra esperanza, que dio gran eficacia a su oración, confianza invencible en su presencia e impulso ardiente para una actividad fructífera e incansable.

Escapó de las garras de los hombres, para permanecer más atrapado por Cristo. No prestó atención a la adversidad ni a los triunfos, se dirigió directamente entre las trampas y las aclamaciones, sin distraer la mirada de Cristo.

Las heridas no lo doblaron, sino que tuvo cuidado de sentir mejor en Cristo los deseos del Padre Celestial, los deseos de la Madre Divina, las invocaciones de los niños, el clamor de los pecadores, el llanto de los inocentes, el lamento del sufrimiento y el gemido de los moribundos.

El Padre Pío conocía exactamente la voz de cada devoto que, con amor y dolor, había generado lágrimas y sangre. Él vivió con nosotros. Su vida fue Cristo, y en Cristo vivió la vida de cada uno de nosotros y de aquellos que Jesús le confió.

El don continuo del yo a Cristo no era más que el don continuo del yo a cada uno de nosotros: un sacerdote en el Sumo Sacerdote, una víctima perfecta, en la medida de lo posible para una criatura humana, asociada con el Redentor para ser más y más el Padre de los que se encomendaron a su cuidado.

El fuego ardiente del amor lo devoró más de lo que el dolor lo consumió. En él vivía el dolor del Hijo Crucificado y el amor del Padre Celestial.

Queríamos ver, y de hecho vimos, en su único rostro, al Padre que ama y al Hijo que sufre. Trabajar generosamente e incansablemente, fuerte y gentil, alegre y sufriente fueron los signos efectivos de la presencia en él del Espíritu del Señor.

Todo lo que hemos dicho puede ayudarnos a conocer al Padre Pío en cuanto *hombre de la cruz*. El gran mensaje de san Pío, más urgente que nunca, introduce precisamente en este aspecto: una teología de la Cruz iluminada por el esplendor de la Resurrección, sin la cual falla el fulcro mismo del cristianismo [...]. Me complace hacer mío el epígrafe que eligió Vittorio Messori para la biografía de otro beato, y que puede aplicarse muy bien al Padre Pío. Es de Evagrio el Póntico, y dice: «A una teoría se puede responder con otra teoría, pero, ¿quién podrá confutar una vida?»[6].

«Él fue traspasado por nuestras rebeliones,
y molido por nuestras iniquidades;
sobre él recayó el castigo, precio de nuestra paz,
y gracias a sus heridas fuimos sanados» (Is 53,5).

Bibliografía

ALLEGRI, R., *Padre Pío: un santo para nuestro tiempo*, en https://www.amazon.es/Padre-Pio-santo-tra-Ingrandimenti/dp/8804450800.

BENÍTEZ GRANDE-CABALLERO, L., *El Padre Pío: hechos extraordinarios del santo de los estigmas*, Desclée de Brouwer, Bilbao 2015[2]; *El Padre Pío: mensajes del santo de los estigmas*, San Pablo, Madrid 2014[3]; *Historias del Padre Pío: relatos, anécdotas y testimonios del santo de los estigmas*, San Pablo, Madrid 2018[2]; *Orar con el Padre Pío*, Desclée de Brouwer, Bilbao 2004[14].

CACCIOPPOLI, G., *Heavenly facts and words of wisdom*, publicación independiente 2017.

CALICÓ, E., *Vida del Padre Pío*, Fundación Gratis Date, Pamplona 2002.

CASTELLO, N., *Padre Pio teaches us*, La Casa Sollievo della Sofferenza, San Giovanni Rotondo 1981.

Chiron, I., *El Padre Pío: el capuchino de los estigmas*, Palabra, Madrid 1999.

D'Apolito, A., *Padre Pio da Pietrelcina. Ricordi, esperienze, testimonianze*, Edizioni Padre Pio da Pietrelcina, San Giovanni Rotondo 2010.

De Pobladura, M., *En la escuela espiritual del Padre Pío de Pietrelcina*, Gráficas Celarayn, León 1983.

Di Flumeri, G., *Florecillas de alegría: El Buen Humor del Padre Pío*, Edizioni Padre Pio da Pietrelcina, San Giovanni Rotondo 1993.

Galeone, P., *Padre Pio, Mio Padre*, San Paolo, Cinissello Balsamo 2005.

Iasenzaniro, M., *The «Padre» Saint Pio of Pietrelcina: his mision to save souls. Testimonies*, Edizioni Padre Pio da Pietrelcina, San Giovanni Rotondo 2006.

Grupos de Oración del Padre Pío, *Datos Históricos. Nuevo Estatuto*, Ed. Casa Sollievo della Sofferenza, San Giovanni Rotondo 2000.

Morcaldi, C., *En el descanso de Dios*, en http://www.pueblodemaria.com/CleoniceMorcaldi.EN_EL_DESCANSO_DE_DIOS.pdf.

Pío de Pietrelcina, *La Agonía de Jesús en Getsemaní*, en http://www.preghiereagesu emaria.it/l'ora%20santa/ora%20santa%20con%20padre%20pio%20da%20pietrelcina.htm.

Sáez de Ocáriz, L., *Pío de Pietrelcina, místico y apóstol*, San Pablo, Madrid 2004.

Webgrafía

www.caccioppoli.com
http://www.san-pio.org
https://www.franciscanos.org/santoral/piopietrelcina2.
    html
www.santopadrepio.com

Índice